心にのこる、書きかた、伝えかた

「4日で1冊本を書く」船瀬俊介の文章術・編集術

船瀬俊介
Funase Syunsuke

共栄書房

まえがき——伝えたいと、切におもう真心

「文章を書くのが、どうも苦手でねぇ……」

と、あたまをかくひとがいます。

「書くのも、読むのも、どっちもだめだね」

と、にがわらいのひともいます。

いっぽうで、

「一生のうちに一冊は、じぶんの本を書きたいものだ」

と、野心をふつふつと、たぎらせているひともいる。

この本を、手にとられたあなたは、さて、どちらでしょう?


まず、さいしょに、もうしあげておきます。

心にのこる文章を書くことは、だれにでも、かんたんにできます。あいてに伝わる文章をつづることも、だれでもできるのです。

その秘訣は……あいてに伝えたい……と、心をこめて、おもうことです。

わかってほしい。胸のそこからの思いをこめて文章をつづれば、その思いは、かならずあいてに伝わるでしょう。

そこでたいせつなのは、純粋な心です。この本では、その一例として「野口英世の母のたより」（第4章）を紹介しています。誤字脱字だらけでも、無学でも、拙《つたな》くても、読むうちに目がしらが熱くなるのは、どうしてでしょう？

そこには、わが子をおもう母の真情があるからです。だから、切々と読むひとの胸を打つのです。

なるほど、文章術というものは、あります。編集術というものも、あります。

それは、文章を書くとき、編集をするとき、いずれもたいせつな「技術」です。習得するほど、あなたの文章力、編集力は、抜きんでて向上するでしょう。

しかし……

ものを書き、ものを伝える原点は、くもりのない真心にある。

この真理を胸にきざんでください。

そうして、あなたの文章術を高め、磨いていただきたいのです。

この一冊を、その手引きの読本として役立てていただければ、それにまさるよろこびはありません。

心にのこる、書きかた、伝えかた——「4日で1冊本を書く」船瀬俊介の文章術・編集術◆目次

第1章

文章は、ジャズだ！

——緩急《かんきゅう》自在なリズムこそ、文章の命

ジャズ音楽から、魂の表現、音律《おんりつ》、抑揚《よくよう》を学ぶ！

1　魂の叫び、嘆き……それが「芸術」である

●台詞《せりふ》は、歌え！　歌は、語れ！

「……文章は、ジャズだ！」
こういわれても、ピンと来ないかたが、ほとんどかもしれませんね。
かの名優、森繁久彌さんは、つぎのような名言を残されています。
「台詞は、歌え！　……歌は、語れ！」
役者の台詞は「歌うように、語らなければならない」
歌手の歌謡は「語るように、歌わなければならない」
これは、芝居も歌謡も、同じ「表現」の世界だからです。
「表現」とは、じぶんの感動や思いを、相手に伝えることです。
台詞は、あたかも歌うように相手に語りかけないと、なかなか伝わらない。
歌詞も、あたかも語るように相手に歌いかけないと、なかなか伝わらない。
だから、文学と音楽は、よく似ているのです。
そして、文学のなかに音楽性をとりこむと、さらに、「表現」の幅と、奥行きが広まり

ます。

●「かにかくに渋民村は恋しかり」

なぜ、あなたは、文章を書くのですか?

「相手に、思いを伝えたいから……」

そうですね。その「思い」にも、いろいろあるとおもいます。

恋の告白……これは、あまりに切なすぎますね。

感謝を、つたえたい。過ちを、あやまりたい。感動を、わかちあいたい。

……もっと、気楽なものもあるでしょう。

「お花見で一杯、どう……?」

こんなメールはたのしい。おもわず、笑みがこぼれます。

あるいは、もっともっと、深く表現したい。もっともっと、鮮《あざ》やかに表現したい。そういう欲求もあるでしょう。それはもう、伝言とかメールを超えた、まさに文学の世界です。

さらに欲求を超えて、心のそこから沸き上がる「表現」もあります。


——かにかくに　渋民村《しぶたみむら》は　恋しかり　おもひでの山　おもひでの川——

歌人・石川啄木《たくぼく》の歌には、東京にいて故郷を思う懐《なつ》かしさ、悲しさに満ちています。その極貧《ごくひん》の暮らしのなかで、歌を詠《よ》むことは、まさに青年啄木の唯一の〝生きている証し〟だったのです。

だれかに、読ませたい。読んでもらいたい。そんな下世話な思いとは、まったく無縁でした。

「……すべてが、短歌になっている……」と日記に書き記しているように、なんと、一日に千歌以上詠んだ、という記録も残っています。

報われぬ貧苦の日々で、若き歌人は、歌を吐きだすことが、まさに、生きることだったのです。

真実の、究極の、表現とは……みずからの肚《はら》の底から、魂の叫び、嘆きを表《あらわ》す……ということが、よくわかります。

それを、ひとことで、「芸術」というのです。

●ジャズと黒人奴隷《どれい》の悲劇

文学と音楽は、よく似ている——。

その典型がジャズです。

ジャズは、どうして生まれたか、ごぞんじですか？

ジャズを語るには、黒人奴隷の悲劇を語らなければなりません。

黒人奴隷……なんという、悲しい言葉でしょう。

一五世紀以降の大航海時代に、欧州の白人たちは、世界をあまねく探検し、〝黒い大陸〟を発見したのです。そして、そこに平和に暮らすひとびとを捕まえ、奴隷として売り渡す商売を始めたのです。これが、奴隷商人です。

その多くは中南米や新興国アメリカに運ばれました。

奴隷は全て鎖《くさり》やロープに繋《つな》がれ、奴隷船の一人分スペースが、八〇センチ×一八センチ。棺桶より狭い空間に押しこめられ、三～九カ月も航海した。

当然、次々に病気になる。すると、生きたまま、〝不良品〟として、海に投げ棄てられた。こうして、航海中の〝廃棄率〟は最大三一％にたっした……という。

絶望して、海に身を投げた黒人もあとを絶たなかった。一回の航海で、一五〇人中一〇〇人が死亡した……という記録も残っています。

●〝ブルース〟――空の青、悲しみの色

地獄の航海を生き抜いても、彼らには、さらに地獄が待ちかまえていました。奴隷市場です。馬や家畜を売買するのと、まったく同じ。とりわけ、アメリカ南部では、綿花栽培が盛んに行われており、黒人奴隷による過酷な労働が求められていたのです。一日中、綿を摘んでも、ノルマの量にたっしていないと、鞭打ちが待っていました。皮膚を食い破る鞭の響きに、ただ、歯を食いしばって耐えるしかない。

彼らの絶望を思うと、涙がこみあげてきます。

あなたは、〝ブルース〟の語源を、ご存じでしょうか?

それは〝悲しみの歌〟という意味です。そして〝ブルー〟は、〝青空〟の意味なのです。青く晴れわたった空……それは、喜びを与えてくれる空の色です。

それが、どうして〝悲しみの色〟になるのでしょう?

黒人奴隷たちの心中を思ってください。朝、空を見上げる。青く晴れている。

「……ああ……今日も一日、綿畑で働かされるのか……」

かれらにとって、〝青〟は、悲しみの色なのです。

そこから、悲しみのうめきが、唇をふるわせます。吐く息が、なげきの音色になります。

……オオオォ……イエイ……イエーイ……

こうして、ジャズの〝ブルース〟は、うまれたのです。

●身体を叩いてリズムを刻んだ

雨が降る日は、黒人奴隷たちにとって、つかのまの休息のひとときです。降りしきる雨足をみているうちに、彼らの胸中に、懐かしい故郷アフリカの情景が去来します。懐かしい祭りの太鼓のひびき……。円陣を組んで歌い、踊り、舞った、あの日々……。無意識のリズムで、からだが動きだす。しかし、目の前に太鼓はない。ドラもない。

気づいたらヒザ、腿《もも》、二の腕、胸を叩いている……。懐かしい歌が、喉《のど》から込み上げる。

まわりも自分のからだを叩いて、リズムを刻み、それに応じる。笑みがわく。互いにうなずく。身体の打音の響きが、部屋中に広まっていく。

自然に沸き上がる声が、打音のリズムに呼応する……。

これが、まさにジャズの誕生の瞬間なのです。

●魂を震わす黒人霊歌ゴスペル

それは、クラシック音楽とはまさに対称的です。

クラシックは貴族階級の楽しみとして生まれたのです。

ジャズは逆に奴隷階級の苦しみとして生まれたのです。

そこには、天地の差ほどの開きがあります。

それは、美しい音楽と、苦しい音楽との対比といえるでしょう。

ジャズからは、〝ブルース〟のほか、さまざまな音楽が派生していきました。

〝ソウル・ミュージック〟も、そのひとつでしょう。

文字通り、「魂から沸き上がる音楽」です。

黒人たちは、郷里アフリカから拉致《らち》され、遠い未知の大陸アメリカに連行され、奴隷として生きるしか道はなくなった。

かれらは、そこでキリスト教プロテスタントの宗教音楽に出会います。

それが福音音楽（ゴスペル）です。

黒人たちにとって、もはや救いは神の恩寵《おんちょう》しかなかった。

そこで、キリスト教に改宗したかれらは、福音音楽を、かれら独自のリズム感で歌い始めた。それは、アフリカ大地のエネルギーを体現したものだった。

こうして、魂をうち震わせる黒人霊歌、〝ゴスペル〟が生まれたのである。
その圧倒的パワーは、それまでの白人たちの優美な賛美歌を、根底から粉砕する。

2　文章もジャズの自由自在さに学ぶ

●音色、リズム、自由自在！

ここまで、ジャズの発祥と由来について、のべてきました。
それが、文章とどうつながるのでしょう?
冒頭で「文章はジャズだ！」と、のべました。
また、「文学」と「音楽」は、一体のもの……とも言っています。
それは、「文章」と「ジャズ」にも、同じことがいえます。
まず、ジャズが伝えてくる根源は、魂（ソウル）です。
あなたが、文章で伝えたいのは「思い」でしょう。
それは、まさに「ソウル」に通じます。
魂のバイブレーション（振動）こそ、まさに、感動の本源なのです。
まずは、身近なジャズの音色とメロディに、ゆったり身を浸してみましょう。

まず感じるのは、音色、リズム、抑揚が自由自在だ、ということです。

その自由自在さこそ、文章が、ジャズに学ぶポイントです。

●文章も声に出せば音である

たとえば、「テイク・ファイブ」というジャズの傑作があります。

その音に身を委《ゆだ》ねると、身体が勝手に動きだすのを感じます。

まさに自由奔放、魂が解放され、歓喜する世界です。

ここまで書いても、くびをひねるかたも、いるかもしれませんね。

「ジャズは音で、文字は活字でしょう。どこが、同じなのかしら？」

大事なことを、ひとつ、見落としています。

文字も、もともと言葉から生まれたものです。

文字を、文章を、声に出して読めば、文章も立派な〝音〟であることに気づくでしょう。

だから「文学」は、「音楽」に通じるのです。

森繁久彌さんが「台詞は、歌え！　歌は、語れ！」と言ったのも、まさにこのことだったのです。

●いい文章の心地好いリズム

文章をまず〝音〟として、とらえてみましょう。

もっともかんたんなのは、声に出して読んでみることです。いわゆる、朗読です。

よい文章は、耳に心地好くはいってきます。一種の〝音楽〟になっているのですね。

わるい文章は、なんとなく耳障りがわるい。

魂をふるわせる文章は、魂をふるわせるジャズに通じます。

心地好いジャズは、じつに、心地好いリズムを奏《かな》でます。

つまり、いい文章とは、心地好いリズムをもっているものです。

これを言語学では、韻律《いんりつ》といいます。とたんに難しくなってしまいましたね（苦笑）。

「韻律」とは――「韻文で、音の強弱・長短・高低・または同音や類音の反復などによって、作り出される〝言葉のリズム〟」（ウィキペディア）

つまり「韻律」とは〝言葉のリズム〟。「韻文」とは〝リズムのある文章〟なのです。

●韻を踏むと乗りやすい

あなたは、文章術で「韻を踏む」という言葉をごぞんじですか？

別名「押韻《おういん》」といいます。つまり、文章で「リズムを踏む」という意味なのです。

リズムで、もっともわかりやすのが、同じ音のくりかえしです。

文章も同じです。同じ音をくりかえすことで、文章全体にリズム感を出すことができます。それが、読み手の生命の振動、魂の振動、そして、感動へとつながっていくのです。まさに、ジャズのリズムがもたらす感動と共通します。

「押韻」にも、色々あります。

■頭韻《とういん》：つながる文の先頭を同じ音にする工夫

頭韻によって、そこにリズム感（韻律）が生まれ、文章が生き生きとしてきます。

ああ……
朝だ！
明るい
朝だ！
鮮やかな夜明けとともに
朝がやって来た

ここで、文頭の「あ」音の連なりが、文章に勢いとリズム感を生み出しているのがおわかりいただけるでしょう。

これは、キャッチコピーや本のタイトルにも応用できます。

たとえば、新入社員向けスーツ広告。

今日から
君は
キッチリ
決まるゼ！
君の
「記念日」

文頭に「き」が続き、無意識のうちにリズムに乗せられます。

だから、音感のいい人ほど、リズム感のある文章が書けるのです。

だから、「文」をみがくには「耳」をみがけ！　ということです。

■脚韻《きゃくいん》：文末を同じ音にしてリズムを出す

これら「頭韻」に対して、文末を似た音でそろえるのを「脚韻」といいます。

床一面に散乱
紅い牡丹の花
零《こぼ》れたワインが
シーツに滲《にじ》む

なにやら、サスペンス小説の一場面。「ん」音の連続が、緊迫感をもり立てます。

あくまで大切なのは、文章に自然なリズム、流れをつくることです。

工夫つまり手の内が見えたら、作者の負けです。

私の近作タイトル『維新の悪人たち』（共栄書房）も、押韻を潜ませています。

『維新』と『悪人』が、「ん」の脚韻を繰りかえしていることが、おわかりですか？

サブタイトル原案も——明治維新は、メイソン革命だった——「めい」で頭韻しています。しかし、これは、よりわかりやすさを優先。

『明治維新は、フリーメイソン革命だ』としたため、頭韻にはなりませんでした。

3 「である」「です・ます」まぜて結構

●ニュース原稿はつまらない

ジャズで学ぶのは、リズム感だけではありません。

「抑揚《よくよう》」も、音楽、文学ともに大切です。

「抑揚」とは読んで字のごとく、「抑制」したり「高揚」したりすることです。

つまり、高低の〝うねり〟です。

ツマラナイ文章のことを「平板《へいばん》な文章」といいます。

「平板」とは、「抑揚」がなく単調である……という意味です。

歌でも、聴かせどころを〝サビ〟といいますね。

イントロは抑えていても、ここぞ、というところでググッ……と声を張り上げ、〝サビ〟でコブシを利かせる。だから、聴くほうも、その高揚感にひきこまれる。

文章も同じ。ダラダラとした単調、平板な文章は、読者がついて来ません。

いちばん退屈なのは、NHKのニュース原稿や、新聞記事かもしれませんね。

正確かもしれない。だけど、血が通ってない。命が感じられない。

それは、ひとつは「抑揚」がないからです。

まあ、ニュースという性格上、しかたがないのかもしれませんが……。

●「である」「です」統一するな！

日本語の原稿には、「である」調と「です、ます」調があります。

よく出版社から執筆依頼されるときに、こう言われます。

「『です、ます』調でお願いできますか？」

あるいは
「これは、『である』調でいきましょう！」

「である」調は、断定口調なので、まあ男性的になります。

はやくいえば、力強い。つまり、こちらは高揚的なのです。

これにたいして「です、ます」調は、ソフトでていねい、女性的になります。

こちらは抑制的です。

そして、出版社との打ち合わせで、どちらかの文体を選ぶと、本全体の表現も、いずれかに統一されてしまうのです。

しかし、私には、これがどうにも不自然に思えてならない。

それは、人間がしゃべっているさまを想像すれば、わかるでしょう。

はじめ淡々と抑えて話していても、ときに、怒りや正義感などがこみあげてくることもあるはずです。そのときは、語気も変わって当然です。

「です、ます」が、いつのまにか「である」に変わっている。

わたしの本では、ままに、そういう〝変化〟が起こる。そのときは感情が高揚したり、激しているのだ。それは、人間だから、あって当然です。感情の起伏が文章の起伏となり、さらに、本全体の起伏、抑揚につながり、ひとつのうねりを生み出していくのです。

すると、本は生命を獲得した……といえます。

●本を殺すのは校閲者だ！

しかし……頭がカチコチの編集者は、「です、ます」と決めたら、徹頭徹尾《てっとうてつび》「です、ます」で統一してしまう。すると、精魂込めた原稿も、NHKニュース原稿とあいなる。

抑揚もなく、単調だ。

そこには、喜怒哀楽のカケラもない。つまり生命力を失ってしまう。

こうして、本の生命を殺《そ》いでいながら、他方で「本が売れない！」と嘆くのである。

馬鹿じゃないか！　と思う。

「本を殺しておきながら、売れないのは、あたりまえだろう」

私はある出版社で、「である」をすべて「です。ます」に書き替えられたことがある。それをもとにもどすのに、エライ苦労、難儀をした経験がある。

本当に、馬鹿じゃないか！　そんな編集者にかぎって、「用語、文章は統一しておきました」と平然という。

この「統一」こそが、本の生命を削り、奪っていることに、トンと気づかない。

さらに、本を〝殺している〟のは、校閲者かもしれない。

彼らは、地獄の閻魔様《えんまさま》のごとく、用字用語を徹底的に〝検閲〟し、無慈悲に削除、修正していく。

こうして、まさに、個性をなくした無味無臭の〝清潔〟な本が完成するのである。

そして、校閲者も、編集者同様に嘆くのである。

「本が、売れませんネェ……」

第2章 美しい日本語

――童謡にこそ、理想の精神が宿る

「菜の花畑」「紅葉《もみじ》」などから、美しい表現を学ぶ

1　童謡の美しい日本語

●優れていた日本人の国語力

かつての日本人の国語力は、じつに、しっかりしていました。

なるほど、ふだんの会話は、それぞれ地方の方言だったでしょう。

しかし、文語で記《しる》す日本語は、見事の一言です。

それを証明するのが従軍日記です。戦地に赴《おもむ》いて、そのときどきの感慨、思いを手帳にこまめに記す。そんな貴重な記録が、おびただしい数、残されています。

戦地だから当然、辞書などありません。それでも、誤字脱字なく克明に、日々の記録を綴《つづ》っている。文体もしっかりしている。その語彙《ごい》力には、圧倒されます。

さらにさかのぼって幕末、明治にいたるときでも、維新の英傑とされる面々が、多く揮《き》毫《ごう》を残しています。

そこには、墨痕《ぼっこん》鮮やかに、漢詩などが、堂々風格の筆致で、書かれています。

それも、二〇代、三〇代という若さで……たいしたものと、唸《うな》ってしまいます。

まあ、当時は、現在のように日本語の乱れもなく、さらに、寺子屋で教えていた四書五経の類《たぐ》いは、まさに「孔子」「孟子」など中国古典の哲学書。東洋思想の根幹をなす哲学を、物心つくか、つかないころから、学んでいたのです。

いまどきのスマホ中毒の子ども、若者とは、レベルがちがって当然です。

●日本語は世界に誇る文化遺産

そんな〝スマ中〟の若者に言わせれば、「美しい日本語？　カンケーねぇ、ウッゼーよ」と、憎まれ口を叩かれそう。

だけど、二〇〇〇年以上も連綿と続いてきた、わたしたちの言語、日本語は、はやくいえば、文化遺産です。富士山よりこちらのほうが、たいせつ、重要だ。心から思います。

世界中をみてください。欧米列強の帝国主義による侵略、植民地化で、母国語を奪われ、滅ぼされた民族、国家が、どれくらいにたっするでしょう？

さいわい日本語は、乱れつつあるとはいえ生き残っています。

言語というものは、一朝一夕《いっちょういっせき》には、できるものではありません。

その民族の長い長い歴史のなかで、育《はぐく》まれ、培《つちか》われてきたものです。

だからこそ、それは、民族のアイデンティティそのものなのです。

同じことは、全国各地の方言にもいえます。

地方人の魂は、その地方の言葉に宿るのでしょう。ある思想家は、こう断言しています。
「人は、生まれた土地の言葉を話すとき、真に自由になれる」

●童謡に息づく美しい日本語

さて——。そこで、美しい日本語とは、なにか？
わたしは、はっきり言いたい。それは、童謡のなかに息づいている。
たとえば……次の歌詞を、くちずさんでください。

『朧月夜（おぼろづきよ）』

菜の花畠《はなばたけ》に　入り日薄れ
見わたす山の端《は》　霞《かすみ》ふかし
春風そよふく　空を見れば
夕月かかりて　におい淡し

（作曲：岡野貞一、作詞：高野辰之。一九一四年（大正三年）に『尋常小学校唱歌第六年生用』に掲載。）

いやでも情景が浮かんできます。

菜の花畑にさす夕日もかたむき、周囲の山々の際も霞にかすんでいる。春風がそよとふいて、空には夕月がかかって、まるで夢のようだ……。

こんなに美しい日本語に出会えたことに、わたしは、深く感動しています。

じつに、平易な言葉で書かれているようで、なかなか、できる表現ではありません。

「入り日薄れ」「春風そよふく」など、書けそうで書けない表現ですね。

でも、文章を書く人には、おおいに参考になるでしょう。

●作者高野辰之は童謡の神様

つまり、美しい日本語を習いたければ、童謡に親しみなさい、ということなのです。

童歌と馬鹿にしてはいけません。

なぜ、昔の童謡に、美しい日本語が息づいているのか？

それは、当時の小学校唱歌の歌詞を書いた人達は、当代きっての錚錚《そうそう》たる詩人や文学者が名を連ねていたからなのです。

『朧月夜』の作者、高野辰之（一八七六〜一九四七年）は、小学唱歌の作詞家として有名です。また、国文学者として一九一〇年、東京音楽学校（現・東京芸術大学音楽学部）教授となり、邦楽、歌謡、演劇など多くの資料を収集、考察し、その史的研究の第一人者として知られます。論文『日本歌謡史』により文学博士授与。のち東京大学教授として日本演劇史を講義。

彼は、幼少期を過ごした信州の自然をこよなく愛し、その情景を描いた歌を多く作詞している。『朧月夜』のほか、『故郷（ふるさと）』『紅葉』『春が来た』『春の小川』など、あまりに有名な童謡ばかり。郷里の豊田村には「故郷」の記念碑・記念館があり、野沢温泉村には『朧月夜』の歌碑が建てられている。

現在まで、ほとんどの日本人に愛唱され、歌いつがれてきた名作ばかり。その感性の純朴さ、日本語の美しさが、きわだっている。

まさに、彼こそ、童謡の神様の尊称がふさわしいだろう。

●いつの日にか帰らん故郷

以下――高野の作品をあげる。その無心な世界を味わってほしい。

東大教授にまで立身出世しながら、みずみずしい童心を失わなかった。

それは奇跡としか思えない。

『紅葉（もみじ）』

秋の夕日に　照る山紅葉
濃いも薄いも　数ある中で
松を色どる　楓《かえで》や蔦《つた》も
山のふもとの裾模様《すそもよう》

渓《たに》の流れに　散り浮く紅葉
波に揺られて　離れて寄って
赤や黄色の　色様々に
水の上にも織《お》る錦《にしき》

「照る山紅葉」「松を色どる」「水の上にも織る錦」などの描写力が秀逸です。情景が、いやでも目に浮かぶ。そんな文章こそ、優れた文章といえます。

『故郷（ふるさと）』

兎《うさぎ》追いし　かの山
小鮒《こぶな》釣りし　かの川
夢は　今も　めぐりて
忘れがたき　故郷《ふるさと》

如何《いか》にいます　父母《ちちはは》
恙《つつが》なしや　友がき
雨に　風に　つけても
思い出ずる　故郷

志《こころざし》を　はたして
いつの日にか　帰らん
山は　青き　故郷
水は　清き　故郷

この歌を読むと、私は九州の故郷を思い出し、ただ目頭が熱くなる。

『春の小川』

春の小川は　さらさら流る
岸のすみれや　れんげの花に
匂《にお》いめでたく　色うつくしく
咲けよ咲けよと　ささやく如く

春の小川は　さらさら流る
蝦《えび》やめだかや　小鮒《こぶな》の群に
今日も一日　ひなたに出でて
遊べ遊べと　ささやく如く

春の小川は　さらさら流る

歌の上手よ　愛しき子供
声をそろえて　小川の歌を
歌え歌えと　ささやく如く

『春が来た』

春が来た　春が来た　どこに来た
山に来た　里に来た　野にも来た
花が咲く　花が咲く　どこに咲く
山に咲く　里に咲く　野にも咲く
鳥が鳴く　鳥が鳴く　どこで鳴く
山で鳴く　里で鳴く　野でも鳴く

その他、心に染み入る日本の童謡は多い。
『夕焼けこやけ』は、故郷の夕焼けをありありと偲《しの》ばせる。
『赤い靴』は、なんど聞いても哀しい、やりきれない歌だ。

『おお牧場はみどり』は、ヤル気、元気のでる歌だ。

『我は海の子』も、海風に当たっている気分にさせてくれる。

『青い眼の人形』も、エキゾチックだけど、切なくなる。

『みかんの花咲く丘』は、晴れ晴れとして、どこかもの悲しい。それもそのはず、第二次大戦の敗戦直後に生まれた。作者は、戦争でなくした母を想って、はるかな海を望んでいる。晴れ渡ったみかんの丘にも、悲しい戦争の余韻が残っている……。


『みかんの花咲く丘』

みかんの花が　咲いている
思い出の道　丘の道
はるかに見える　青い海
お船がとおく　霞《かす》んでる

黒い煙を　吐きながら

お船はどこへ　行くのでしょう
波にゆられて　島のかげ
汽笛がぼうと　鳴りました

いつか来た丘　母さんと
一緒に眺めた　あの島よ
今日もひとりで　見ていると
やさしい母さん　思われる

（作詞：加藤省吾、作曲：海沼實　一九四六年八月）

2　言葉が乱れると、心が乱れる

●学校から童謡が追放された

これらの歌詞を目で追っていくと、私は、耳にははっきり合唱が聞こえてくる。子どもたちの純真な歌声です。

しかし、日本人はある年齢を境に、その歌声が、聞こえなくなってしまったのではないだろうか？

わたしはかつて、中学校の音楽教科書にビートルズの歌が載った……と聞いて、びっくりしたことがある。さらに、流行のフォークソングなどなど……。

それも、悪いとはいわない。

しかし、美しい日本語の玉手箱……とでもいえる童謡が、しだいに音楽教科書から〝追放〟されていったことは、解せない。許せない。

心に染み入る童謡の名曲を、若い人たちが知らない、聴いたことがない、と首を振るのは、小学校の音楽の授業で歌っていない、聴いていないからだ。

そしておそらく、多くの若者は、これらの歌に「古臭せー」とか「ダッセー」と、嘲笑《ちょうしょう》するのでないだろうか。

●美しい日本語から汚い日本語に

言葉は言霊《ことだま》……という。日本語は、日本人の霊魂にも通じる。

言葉が乱れる……ということは、言霊が乱れるということ……。

それは、日本人の魂が乱れることではないのか。

美しい日本語が、汚い言葉になると、日本人の心も汚れてくる。

「大仰《おおぎょう》な」とおもう人がいるかもしれないが、本当にそう思う。言葉が乱れる……ということは、心が乱れているのだ。

美しい言葉に接するのは、かんたんだ。

童謡に耳を傾ければいい。童歌はまさに、日本人の心の故郷《ふるさと》である。

自然を愛《め》で、故郷を慈《いつく》しむ人に、戦争は無縁だ。他国への侵略などもはやありえない。

憎悪を煽《あお》り、恐怖を募らせ、平常を失わせる〝陰謀〟も、もはや通用しない。

故郷を愛するということは、万民の故郷を愛する……ということだ。

だから、美しい言葉、そして言霊を、たいせつにしたい。

3　GHQが目指した日本人の〝心の占領〟

●戦勝国アメリカの言論弾圧

第二次大戦後、進駐した連合国軍最高司令官総司令部（GHQ）は、さまざまな〝言葉狩り〟を行った。はやくいえば、先勝国アメリカによる言論弾圧、思想統制である。

多くの日本人は、進駐軍を、日本軍国主義からの〝解放軍〟として歓迎した。

彼らもそのように振る舞ったので、背後で行われていた言論統制など、まったく気付かなかった。

しかし、占領下の七年間は、日本人改造計画が遂行された期間なのだ。

そこでは、日本の精神的支柱であったと思われることなど、軒並み禁止にした。

たとえば、忠臣蔵など忠義をあつかった映画やチャンバラ映画などは、即禁止。恋愛映画などでは、キスシーンも御法度《ごはっと》。むろん、ＧＨＱ占領政策への批判は、タブー中のタブー。とりわけ「……出版、映画、新聞、雑誌の『検閲』が行われていることに関する直接・間接の言及は厳禁」であった。

だから、日本人は「占領軍が『言論の自由』を与えてくれた」と、無邪気に信じこんだのである。

軍事的占領のあと、かれらが狙ったのが、政治的占領であった。

戦前勢力は、公職追放の名のもと、職を剥奪《はくだつ》された。

その後に着任したのが、ＧＨＱつまり占領勢力の影響下にある連中だった。

わかりやすくいえば、明治維新以降、日本を再占領した秘密結社フリーメイソンの支配下の連中たちだ。当然、マッカーサーもフリーメイソン幹部だった。

だから、敗戦日本を占領したのは、アメリカというより、秘密結社メイソンだった。

4　アメリカの目的は、日本人の〝洗脳〟だ

●マスコミは〝洗脳〟の道具

〝かれら〟は、次に日本の文化破壊と占領をめざした。

その道具に使われたのが、マスコミである。

巣鴨プリズンにA級戦犯として収監されていた正力松太郎《しょうりきまつたろう》は、絞首刑判決の直前に、岸《きし》信介《のぶすけ》、児玉誉士夫《こだまよしお》とともに裏口から釈放され、GHQ本部に連行され、アメリカへの秘密協力を確約させられた。つまり、CIA工作員となったのだ。

暗号名も与えられた。それは〝ポダム〟。

彼は、所有する『読売新聞』をフル稼働させて、原子力推進キャンペーンを展開するよう強要され、それに忠実にしたがった（参照：拙著『原発マフィア』花伝社）。

放送を開始したテレビも、日本人〝洗脳〟装置だった。

アメリカの庇護《ひご》を受けた正力ならぬポダムは、戦後マスコミを完全支配し、日本のメディア王として君臨した。全日本プロレス、読売ジャイアンツなども支配下におき、プロスポーツ界も掌握した。日本テレビ初代社長となり、テレビ局放送網の構築にも絶大な力

を発揮した。

全国に生中継したプロレス放送は、国民を熱狂させた。力道山が、植民地出身の朝鮮人であったなど、日本人だれ一人知らなかった。

白人レスラーを空手チョップでなぎ倒すシーンに、全国民が心酔した。

こうして、かつて「進め一億火の玉だ！」の掛け声に〝天皇の赤子〟として熱狂した国民は、今度は、マスコミの〝洗脳〟に熱狂したのだった。

●テレビで流すアメリカの夢

当時、国民垂涎《すいぜん》の的だったテレビも、〝洗脳〟におおいに活用された。

アメリカのホームドラマ『パパは何でも知っている』が、その典型。

そこには、日本人が腰を抜かす、素晴らしいアメリカの生活があった。

さらに、『連邦保安官』『ライフルマン』など西部劇は、西部開拓を美化し、強いアメリカのイメージを日本人に植え付けた。『コンバット』は、第二次大戦でのアメリカ軍の〝正義〟を日本の若者に刷り込んだ。

もっとも文化占領として巧みだったのが、番組『ディズニーランド』だ。ウォルト・ディズニーみずから冒頭に登場し、「夢の国」「冒険の国」「御伽《おとぎ》の国」……などの案内役をつとめた。彼こそは、まさに、すじがね入りのフリーメイソン有力メンバーだが、日本人はだれ一人、そんなことは知らなかった。

巧みな演出に、日本中が熱中した。その〝洗脳〟は、いまだ解けていない。

いまも、日本のディズニーランド入園者は、ひきもきらない。

●日本人愚民化戦略

ここまで、敗戦後のアメリカによる言論統制、占領政策に触れたのにはわけがある。

私は『維新の悪人たち』（前出）で、「明治維新はフリーメイソン革命だった」史実を白日の下にさらした。〝かれら〟は、明治、大正、昭和の日本を狡猾《こうかつ》に操《あやつ》り、太平洋戦争に突入させ、計画どおり焦土の列島にして、占領した。

あらたな占領に向けて行ったのが、ＧＨＱによる言論統制であり、文化洗脳だった。

今度は軍国主義ではなく、民主主義の美名のもとに、再占領を遂行していったのだ。

マッカーサーは、日本人の精神年齢は一二歳レベルと呆れていたが、メイソン勢力は、さらに日本人の資質を貶《おとし》めることを、最大目標としていた。

はやくいえば、日本人愚民化戦略である。

〝かれら〟は、日本人の優秀さに、はやくから気づいていた。

だが、このクニの民衆は、愚かでなければならない。

〝かれら〟が日本人の優秀さに驚嘆したのは、皮肉にも幕末に開国を迫ったときだ。初代駐日アメリカ公使、タウンゼント・ハリスは、初めて江戸を訪れた時の衝撃を日記に残している。

「私は、この世の楽園を見た。このように花咲き誇り、緑麗《うるわ》しい百万人都市を見たことがない」

彼は自問する。「この国に開国を迫ることは、果たして、正しいのか？」

そして、彼はこのような落胆の言葉を残して帰国するのである。

「この楽園は、長くは続くまい。なぜなら、我々が〝害毒〟を持ち込むからである」

●童謡の精神に立ち返れ

ハリスが驚嘆、賛嘆した日本人の美質とは、いったいなんであろう？

それは、まさに童謡のなかに脈々と息づく、自然や、故郷や、父母や、友を愛する純真、質朴な心なのである。平穏を愛し、自然を愛でる国民は、幕末から明治政府を手中に収め、籠絡した国際秘密結社フリーメイソンにより、残忍凶暴な強盗民族に変身させられた。

〝かれら〟の手先となって大陸を侵攻し、奪い尽くし、殺し尽くし、焼き尽くし、そして、最後はみずからの祖国をも火の海、血の海にして、焉《おわ》った……。

その過ちを〝かれら〟の走狗《そうく》である自民・公明政府は、ふたたび繰り返そうとしている。

冒頭に掲げた童謡の歌詞を、もういちど、口ずさみながら、読み返してほしい。

そこにある静かな精神こそ、神仏の慈愛に近い理想の境地なのである。

第3章 言葉は紙に刻め！

——戦後屈指の名文家、花森安治の仕事

『一銭五厘の旗』『「暮しの手帖」をつくった男』をテキストに学ぶ

1　わが文章の師匠、『暮しの手帖』花森安治

●小学校二年から文章に接する

わたしには、文章の師匠がいます。

花森安治《はなもりやすじ》さんです。

彼は『暮しの手帖』をつくった男……として、あまりに有名です。

二〇一六年、ＮＨＫ朝の連続テレビ小説（『とと姉ちゃん』）で放映されたので、記憶にあるかたもいるでしょう。

花森さんは、戦後屈指の名文家といわれています。そして、名編集者としても名高い。

なにしろ、一介の生活雑誌『暮しの手帖』を、一〇〇万部を超えるベストセラー雑誌に育てあげたのです。

わたしは、小学校二年のときから、その文章にひたってきました。

わたしの父母は教員で、育ったのは福岡県の辺鄙《へんぴ》な田舎です。

兼業農家で、休日には家族総出で農作業にいそしみました。

小学校教諭だった母は、『暮しの手帖』を定期購読していたのです。

わたしは、幼くして、すこしませた子どもだったようです。小学一、二年のころから『世界文学全集』（講談社）に親しみ、毎月、届く単行本が楽しみでした。

よく覚えているのがヴィクトル・ユーゴーの『ああ無情』です。ひとつのパンを盗んだだけで悲運に翻弄《ほんろう》される主人公、ジャン・バルジャンの姿に涙したのです。

月一の文学書を読み終わると、田舎家にはほかに読む本がない。

そこで、本棚の『暮しの手帖』を読みふけりました。

●門前の小僧ならわぬ経を読む

こうして、知らず知らずのうちに、わたしは『暮しの手帖』にどっぷりつかって、幼少年期を過ごすことになったのです。

そして、知らず知らずのうちに、花森さんの文章が身にしみ、心にしみていったように思えます。

よく、門前の小僧ならわぬ経を読む――といいます。

まさに、わたしのばあいが、それと同じでした。

小学校二年からどっぷり、花森安治の文章にはまって育ったのです。

そして、のちに知ったことですが、花森さんは、戦後随一の名文家とたたえられるひとだったのです。

わたしは幼年から少年、そして青年になるまで、この名文家の文章に接して成長したのです。これほどの幸運はありません。

いま、わたしはものを書くことをなりわいとしています。まさに、もの書きのはしくれなのですが、今にしておもえば、希代の名文家の文章、いきづかいに、『暮しの手帖』の誌面をつうじて向かい合ってこれたのは、僥倖《ぎょうこう》というしかありません。

むろん、生涯の師と自覚したのは、長じてのちのことです。それも、かってにじぶんで思いを秘めているだけのこと。つまり、私淑《ししゅく》しているのです。

さらに、『暮しの手帖』、つまり花森さんとの出会いは、わたしの人生をも決定づけてしまいました。

2　見よ！　一銭五輪の旗、もう後へひかない

●唯一広告をとらないメディア

『暮しの手帖』は、戦後唯一、広告をとらない雑誌でした。

広告をとらなかった唯一のメディア、といっても、過言ではないでしょう。

そして、花森さんは『暮しの手帖』で、商品テストを毎号おこないました。

かれは、はっきり書いています。

「商品テストは、消費者のためではない」

では、だれのためでしょう?

「生産者のために、おこなうのだ」

つまり、この世の中は企業社会だ。企業がいいものをつくってくれなければ、世の中よくならない。いいものをつくってくれなければ、人間の暮らしもよくならない。

そして花森さんは、こうもいいきっています。

「民主主義の〈民〉は庶民の民だ。暮らしをなによりも第一にする」

「暮らしを妨げる企業があったら、企業を倒す、政府があったら、政府を倒す」

わたし、その文章を読んだとき、身がふるえました。

●世界はじめてぼくら庶民の旗

花森さんは、その決意を示すために、一編の文章を書いています。

それが……『見よぼくら、一銭五厘の旗』です。

美しい夜であった
もう　二度と　誰も　あんな夜に会う
ことは　ないのではないか
空は　よくみがいたガラスのように
透きとおっていた
空気は　なにかが焼けているような
香ばしいにおいがしていた
どの家も　どの建物も
つけられるだけの電灯をつけていた
それが　焼け跡をとおして
一面にちりばめられていた
昭和20年8月15日
あの夜
もう空襲はなかった
もう戦争は　すんだ
まるで　うそみたいだった

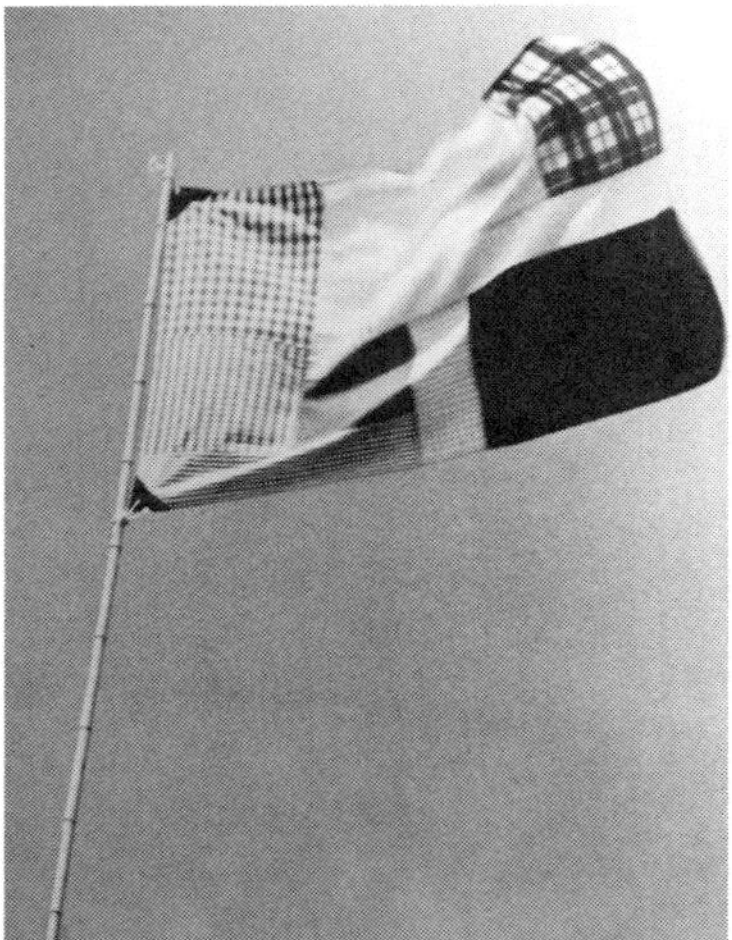

「一銭五厘の旗」（『暮しの手帖』８号より）

なんだか　ばかみたいだった
へらへらとわらうと　涙がでてきた

——これが、書き出しです。
そして、こうも綴っています。

戦争には負けた　しかし
戦争のないことは　すばらしかった

——花森さんは、戦争中をふりかえります。
二等兵のとき、教育係の軍曹が突如、怒鳴った。

貴様らの代わりは　一銭五厘で来る
軍馬は　そうはいかんぞ
聞いたとたん　あっ気にとられた
しばらくして　むらむらと腹がたった

そのころ　葉書は一銭五厘だった
兵隊は　一銭五厘の葉書で　いくらでも
招集できる　という意味だった
……
そうか、ぼくらは一銭五厘か
そうだったのか
……
どなられながら　一銭五厘は戦場をくたくたに
なって歩いた　へとへとになって眠った
一銭五厘は　死んだ
一銭五厘は　けがをした　片わになった
一銭五厘を　べつの名で言ってみようか
〈庶民〉
ぼくらだ　君らだ
……
ぼくらは　ぼくらの旗を立てる

ぼくらの旗は　借りてきた旗ではない
ぼくらの旗のいろは
赤ではない　黒ではない　もちろん
白ではない　黄でも緑でも青でもない
ぼくらの旗は　こじき旗だ
ぼろ布端布をつなぎ合わせた　暮しの旗だ
ぼくらは　家ごとに　その旗を
物干し台や屋根に立てる
見よ
世界ではじめての　ぼくら庶民の旗だ
ぼくら　こんどは後へひかない

（『暮しの手帖』8号、第2世紀、昭和45年10月　……は中略）

3　運命の出会い――四二年目のインタビュー記録

●大学四年、運命の邂逅へ……

脈々、ふつふつと、花森さんの熱きおもいが、あなたのむねに伝わってきたとおもう。なにより、かにより、暮らしを第一にかんがえる。それこそが、花森イズム……幼いころより、わたしは、知らず知らずに深く感化され、気づいてみたら、このような人生を歩んでいたのです。

だから、彼はわたしの人生の師といっても過言ではありません。

大学四年のとき、そのかれに、邂逅《かいこう》する機会をえました。

当時、大学は学園紛争の渦中にあり、ゲバ棒、ヘルメット、火炎瓶、内ゲバなどに象徴される動乱期にありました。わたしは、志をおなじくする若者同士が、罵りあい、殺しあうさまが、たえきれませんでした。

社会をよくする道は、さらに、ほかにあるはずだ――そこで、市民が、庶民が参加して、変えていく……という草の根運動に、活路と希望を求めたのです。

つまり、右でも左でもない、〝第三の道〟です。

当時アメリカでも、一人の青年弁護士が、巨大企業GMと対峙して、欠陥車問題を追及していました。それが、ラルフ・ネーダーです。

かれは、大学生たちに社会変革への参加を呼びかけました。

ただちに、若きリーダーに呼応して、全米各地の大学に学生サークルが結成されました。その名は〝PIRG〟（パーグ：公益追及グループ）。早稲田大学国際部に、そのメンバーの一人、ロバート・レフラー君がいました。かれとわたしは意気投合し、かれが企画した日本の「消費者運動リサーチ」を手伝うことになったのです。

そのとき、彼に「ぜひ、商品テストで有名な『暮しの手帖』と、名編集長、花森安治さんを取材すべきだよ」と熱心に勧めたら、

彼は笑顔で答えた。

「オッケー！　シュン。ぜひ、やろう」

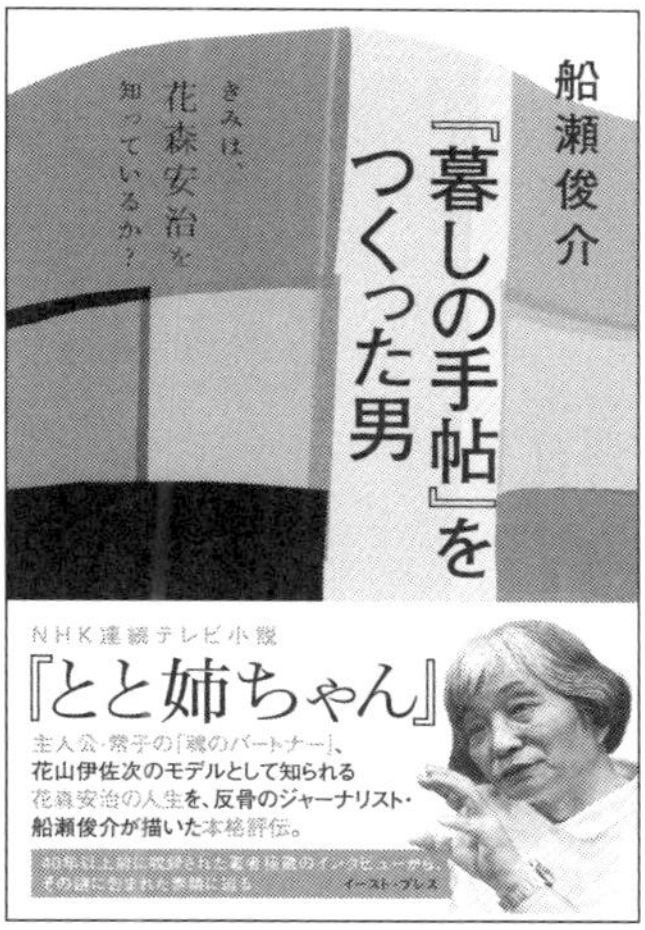

『『暮しの手帖』をつくった男』
（船瀬俊介著、イースト・プレス）

●「どうぞ、私が花森安治です」

あこがれの人についに会える……そのときの緊張感は、いまでも、はっきり憶い出します。その、わが人生の〝恩師〟との出

会いをまとめたのが、『『暮しの手帖』をつくった男――きみは、花森安治を知っているか?』(イースト・プレス)です。


――現れたのは銀髪のおかっぱ頭。白いジャンバー姿の男性。部屋に入ると、少し会釈して、おもむろに眼鏡に片手を添え、卓上のカセットテープ・レコーダーを覗《のぞ》きこんだ。そして、ぽつりとつぶやいた。「AIWAですか……?」。

それから、どっかと一人掛けのソファーに腰を下ろし、少し間をおいて口を開いた。

「……どうぞ、私が花森安治です」

太い、低い声だった。


(同書)

4　文章は、ひと文字、ひと文字、刻め

●四二年前の出会いと取材

『『暮しの手帖』をつくった男』発刊は、二〇一六年四月。NHK連続テレビ小説放映に合わせて出版された。

そこで生かされたのが、四二年前のインタビュー記録だった。

ロバート君らと取材した三時間あまりの記録が、テープと原稿に残っていたのだ。

色褪せたボロボロの茶封筒のなかから、その記録はよみがえった。

この記録なくして、この本の完成は不可能だった。まさに、感慨無量……。

さて——。

この本では、本章の主題、「花森安治に学ぶ文章術」についても、述べています。

●文章は、しだいに詩となる

わたしが、花森さんから学んだこと——

花森安治の文章は、書くというより、刻んでいる

まるで、石工がノミで刻むようだ。

ひと文字、ひと文字、刻むように書いている。

だから、読むほうも一文字、一文字じっくりと読んでいく。

ひとつ、ひとつの文字のつらなりが

ひとつのリズムをもっている

これは、詩じゃないか……。
読んでいるうちに、そのことにきづく。
そうだ。
文章というものは、
一字、一字、精魂こめてかけば、
それは、詩になるのだ。
そう、花森はいっている。

（『『暮しの手帖』をつくった男』より）

5　一にわかりやすく、二にわかりすく……

●ことば、編集の職人たれ！

ここに文章術のすべてがある、といってもよいでしょう。
一文一文に心をこめる。それは、一文字一文字に心を込めなさい。
それは、石工がノミで文字を刻むのと同じだ……ということです。
だから、理想は原稿用紙の枡目に一文字ずつ刻んでいく。これが、理想なのです。

キーボードで記述することが、いまや日常になっています。

しかし、ときにふれ、枡目に一字一字埋めていく、その行為は忘れないようにしたいものです。

わたしは、インタビューのとき、花森さんにたずねた。

——後継者をどうして、育てられているのですか？

すると、花森さんは、腹の底からの大声で言った。

「ぼくから、盗めばいいじゃないかッ！」

わたしは、おどろくとともに感服した。

花森さんが理想としたのは職人の世界だ。

「じぶんはアルチザン（職人）だ」と書き残している。かれは、みずからが社員たちに〝親方〟と呼ばれることを好んだ。

職人の親方は、背中で教える……と、よくいわれる。

彼は、よく社員たちを叱りとばした。その怒鳴り方は、もはや伝説となっている。

それも、職人の親方を自認する、彼なりの教えかただった。

●八百屋のおばちゃん、魚屋のおっちゃん

しかし、大音声で雷を落とすだけではなかった。

じつは、文章のコツも、懇切に、部下たちに伝えていた。

インタビューのときも、花森さんはにっこり笑って言った。

「文章は、わかりやすくなくっちゃいけない。それこそ、八百屋のおばちゃんや、魚屋のおっちゃんが、目をかがやかせて読む。そうでなきゃいけない」

それは、いわゆる上から目線で書くな！　ということです。

むろん、へりくだることでもない。対等なたちばで、心をこめて語りかける。

そう、よい文章とは、あいてに語りかける文章なのだ。

だから、とうぜん、口語体になる。話しことばになる。


――その、花森流「文章術」ポイントをあげてみよう。

■文章は短く！

文章は、短いほうがよい。短ければ短いほどよい。

牛のよだれと、だらだら長い文章ほど、始末に困るものはない。

なぜか？　長くなるほど、何を言いたいのか、伝えたいのか、それがわからなくなる。

だから「簡にして要！」。

英語でいえば「コンパクト！　インパクト！」。

■結論は先に書け

日本人の美点は、意見をはっきり言わないことだ、という。つまり、おくゆかしい。

しかし、それは美点どころか欠点ではないのか？

優柔不断《ゆうじゅうふだん》、曖昧模糊《あいまいもこ》な文章ほど、悪文はない。読んでいて、いらいらしてくる。

そして、そんなつかみどころのない文章が、あふれている。

文頭にズバリ結論を書いた文章は、わかりやすい。

その理由は、後で逐一書けばいいのだ。のたりくたりと言い訳ばかり書いて、最後におっかなびっくりで意見を書かれても、不愉快になるだけだ。

■漢字より、ひらがな

花森さんの文章を見て、まず気づくことは、「ひらがなが多い」ということだ。

その理由は、さきにのべた。

「できるだけ、よみやすく。できるだけ、わかりやすく」

日本語は、ひらがな、カタカナ、漢字……と、三種るいの文字がある。

そして、漢字は数千あるいは数万!? におよぶ種るいがある。

漢字の一覧を見たら、欧米の知識人ですら、目眩《めまい》がしてぶっ倒れそうになるだろう。

これにたいして、英語のアルファベットは、わずか二六文字。

こちらは、あまりの少なさにアッケにとられる。

■画数の多い漢字は、ひらがなに

彼は文章の見た目の印象、つまり美しさを、きわめてたいせつにする。

「字面《じづら》」へのこだわりは、半端《はんぱ》でない。

たとえば、『暮しの手帖』では、「洗濯」は「洗たく」と書く。「値段」は「値だん」、「肉類」は「肉るい」となる。

なんで……? と、ふつうの編集者なら、くびをひねる。

校正者なら、ぜんぶ、〝正しい〟表記に書きなおすだろう。

花森さんが生きていたら、その結果は、目にみえている。

「だれが、やったッ?」

カミナリがまとめて百個落ちたくらいの大声で烈火のごとく怒ったことはまちがいない。

一見、不自然に見えても、画数の多い漢字をひらがなにした文章は、目にやさしい。

そして、すっと、よみすすめてしまうのだ。

つまり、みてらくな文章は、よんでらくなのである。

■決まり事は無視せよ

よい例が雑誌名『暮しの手帖』。ここで、ほんらいの仮名送りなら「暮らし」となる。

しかし、花森安治にとっては、ぜったいに『暮し』でなければならない。

なぜか？「こちらのほうが、美しい……」

石頭の編集者なら「しかし……」と反論するだろう。

「文法上は〝ら〟が入ります」

すると花森はまちがいなく、こうつっぱねるだろう。

「そんなことは、かまわん。憲法で表現の自由は、保障されているじゃないか！」

■名文は写して学べ

文章の天才といわれるかれも、目にみえぬ努力をかさねている。

それは、憧憬する作家の文章を書き写すことである。音楽家とおなじように、作家も独自の文体、リズム感をもっている。

昔から「学ぶことは、まねぶこと」という。つまり、「学び」は、最初は「真似」から入る。

あこがれの文体を習得するには、まずは「まねる」、つまり「書き写す」ことだ。

すると、その作家独特のリズム感、抑揚感などが、しらずしらずに体得できる。

つまり……頭で学ばず、体で学ぶ……ということだ。

これは諸芸万般につうじる極意といえる。

■ユーモアを忘れるな

これは〝ｈｕｍｏｕｒ（人間性）〟のこと。

それは、あいてへの思いやりから生まれる。

花森さんは、「ユーモアのない文章は砂漠のように味気ない……」といういましめを残している。

■できるだけ行替えを

いま思い返しても、『暮しの手帖』の記事は、ほんとうに読みやすかった。
どうしてかと思って、すぐに気づいた。
文章を、すべて行替えしている……！
つまり、文頭が、すべて一文字目に来る。
だから、読みやすい。
この書式を採用しているのが「シナリオ」だ。
「シナリオ」作法のポイントがある。
台詞・文章は、必ず行替え——これが鉄則である。
なぜか……？
こちらのほうが「読みやすい！」

■ぎゅう詰めで文章・記事が死ぬ

ぎゃくに、行替えのない文章は「読みにくい」。イヤガラセか！　と腹が立つほど、読みにくい。そして、印刷物を見るがいい。ほとんど、行替えなしてビッシリ、ギッシリ書き込んでいる。「頼むから読んでくれるな」と言っているかのようだ。なぜ缶詰か寿司詰めのようにギッチギッチで書くのだろう?　その理由も簡単だ。読んでくださる方のことは、全く念頭に無いのだ。読者が居る事すら忘れているのでないか。(以上の五行、読みにくいでしょう?)

■タドン・ヤクモノを活かす

タドンとは●のことだ。昔は、石炭の粉を水で練って丸めて燃料としていた。それが炭団(たどん)である。このヤクモノの形がそっくりなので、これをタドンと呼ぶ。

■、▼、※なども、ヤクモノの一種。花森さんは、そのつかいかたが、巧みだった。行替えした文章の段落の位置に、●をのせる。すると、読者は無意識に目線が、次の段落の文頭にみちびかれる。こうして、無意識に読書のリズムが生まれる。深層心理まで知りつくした、花森流編集術といえる。

■レイアウトは究極美学

花森さんの「美しい」ものへのこだわりは半端ではない。さすが、東大美学科卒業である。かれのライフワーク『暮しの手帖』のタイトルからして、当初は『美しい暮しの手帖』だった。

かれは、同誌のレイアウトは、すべてじぶんの手でやりとおした。

活字の指定まで、いっさい、他者にはまかせなかった。

活字の大きさ、書体で、ひと晩悩んだことすらあった……という。

だから『暮しの手帖』のレイアウトは、まさに花森安治の世界である。

それはまさに、絶妙というしかない。

■編集は独裁である

かれは、こう高言してはばからなかった。

「編集は独裁である」

つまり、編集長は独裁者である。こう宣言している。徹底的にわがままを通す。

わたしは、花森さんが六六歳で心筋梗塞で急逝したあとの『暮しの手帖』を手にとり、ページをくって、がく然とした。そこは、花森安治が生きていたら、決して許さなかったような文章、写真、そしてレイアウトに満たされていたからである。

天才は、天才を育てえず……。

だから、それいらい『暮しの手帖』をとるのを止めた。

■チーズは匂いが好まれる

花森安治は、みずから言っているように「わがままに生きた」。

こうと決めたら迷わず突き進んだ。

文章もそうである。あるひとが、その文章を読んでこう言った。

「クサイですね……」

するとかれは、すこしも動ぜず、こういったのである。

「きみぃ、チーズはね、匂いがあるから、好まれるんだよ」

第4章

魂をふるわす文章とは？

——巧《うま》い文に、拙《つたな》い文がまさることがある

野口英世の母の便りが、なぜ、涙を誘うのか？

1　偉人、野口英世をおもう老母の真情

●出世に驚いた母シカの手紙

野口英世（一八七六〜一九二八年）といえば、日本が生んだ偉人です。戦後、教科書のなかでも偉人伝の筆頭に、必ず登場してきたものです。わたしは子どものころ、その伝記映画を学校で見せられた記憶があります。

野口英世

貧しい福島の農家に生まれた英世は、幼いとき囲炉裏に落ちて、手に重い火傷を負っています。

映画でもそのシーンが再現されていました。鍋がひっくり返り、灰埃《はいぼこ》りが舞って、赤ん坊の英世が火のついたように泣き叫ぶ。その場面を、ありありと覚えています。

手に残った火傷の跡を、小学校の同級生たちが「やぁーい、てんぼう、てんぼう」

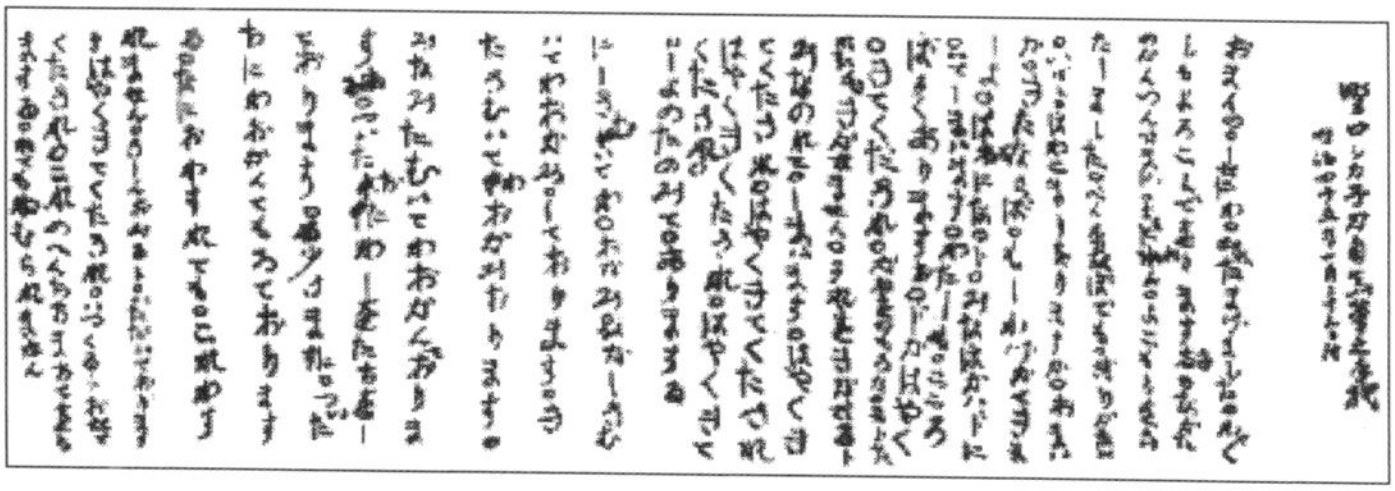

とはやす。悔しそうに唇をかむ英世。
　その負けじ魂からか、英世は発奮、勉学に励み、周囲もおどろくほどの立身出世をとげます。
　わが子の出世におどろいた老母シカは、喜びと会えない切なさを、手紙にしたためて、送っています。その拙《つたな》い手紙には、わが子をもう母の心情が、切々と綴られています。
　わたしは、かつて福島の野口英世記念館をたずねたとき、「母シカの手紙」を手に、一読して胸がつまり、涙があふれてきました。

（上）シカの手紙
（下）野口英世の母シカ

●真情こそが魂をふるわす

その文面は、まさに無学な老母の、拙い、拙い文字の連《つら》なりでしかありません。

なのに、一文字、一文字、追っているうちに、まぶたが熱くなってくるのです。

それには、わたしもおどろきました。

ほとんど無学の老女が、誤字脱字だらけで綴《つづ》った手紙の文が、どうして、これほど胸を打つのでしょう。

そして、わたしは理解したのです。

ほんとうに心を打つ文章は、正しい文字や、正しい文法とは関係ない。

そこにこめられた真情こそが、たましいをふるわすのだ。

2 「はやくきてくたされ。はやくきてくたされ」

●西を向いて拝み、東を向いては拝み

〈母シカの手紙〉(抜粋)

おまイの。しせ（出世）にわ、みなたまけ（驚き）ました。

わたくしもよろこんでおりまする。

べん京なぼでも（勉強いくらしても）きりかない。

いぼし、ほわ（烏帽子：近所の地名、には）こまりおりますか。

おまいか、きたならば、もしわけ（申し訳）かてきましよ。（烏帽子という村からのお金の催促に困っています。お前がもどってきたら、申し訳できましょう。）

はるになるト。みなほかいド（北海道）に。いてしまいます。

わたしも　こころぼそくありまする。

ドか（どうか）、はやく。きてくだされ。かねを。もろた。（送金してもらった）こト、たれにこ、きかせません。それをきかせるトみなのれて（皆、酒で飲まれて）しまいます。

はやくきてくたされ。はやくきてくたされ　はやくきてくたされ。はやくきてくたされ。

いしよ（一生）のたのみて。ありまする。にし（西）さむいてはおかみ（拝み）。

ひかし（東）さむいてわおかみ。しております。

きた（北）さむいてはおかみおります。

みなみ（南）たむいてわ　おかんでおりまする。

ついたち（一日）に　わしおたち（塩絶ち）をしております。さしん（写真）おみるト　はやくきてくだされ。いつくるトおせて（教えて）くだされ。

これのへんちち　まちて（返事を待って）をりまする。ねてもねむれせん。

●一五年ぶりに帰国、母と再会

母シカは、ほとんど学問もありませんでした。それでも、一大出世をとげたわが子に、心のそこから喜び、さらに会いたい思いを、切々とつづっています。

ただただ、わが子に会いたい、ただただ会いたい……。

これほど、母の愛情が胸に伝わる文章はありません。

息子に一目でも会いたい。その思いを伝えるために、シカは囲炉裏の灰に指で字を書く練習をして、この便りをしたためた、と伝えられます。

故郷を出て、はるか外国に渡り、長い、長い年月、会えなかった息子へ……。

この手紙を受け取った英世は、大変に驚きます。

のちに、英世は「母が字を書けるとは知らなかった」と述べています。

それだけに、この手紙をなんども読み返し、一九一五年（大正四年）、一五年ぶりに帰国。横浜港では、多くの報道陣や恩師、友人たちが出迎えました。
英世は、その足で郷里、福島の母のもとに駆け付け、再会を果たすのです。
シカの喜ぶさまが、目に浮かぶようです。

●おとぎの国にいるようだ

「……約二カ月の滞在中、各地で講演会や歓迎会が催され、大変、忙しい日々を過ごしました。東京や関西の講演会のときには、母や恩師といっしょに旅行をしました。母シカは、英世とともに過ごす時期を『まるで、おとぎの国にいるようだ』と、語っています。一一月四日、英世は、横浜からニューヨークへ戻りました。そして、その後、二度と日本の地を踏むことはできませんでした」（『シカの手紙』解説より）

野口英世は、黄熱病の病原菌発見のため、中南米、アフリカなどに赴き、ガーナの地で黄熱病に感染し、一九二八年、客死。享年五二歳。

3　野口英世の母の便りが、なぜ、涙を誘うのか？

●拙《つたな》いからこそ伝わる感動

あなたは、野口英世「母シカの手学」の存在をはじめて知ったと思います。

無学な老婆の拙い手紙は、いまインターネットで検索しても、読むことができます。

画面の稚拙な文字の羅列を一文字、一文字……目で追ってください。

あなたは、いつしか、目頭があつくなるのを、感じるでしょう。

たとえば、この手紙が、誤字脱字のない、達筆で綴られていたら……。

どうでしょう、これほどの感動が、こみあげてくるでしょうか？　そうはおもえません。

文字が拙い。誤字、脱字……だからこそ、ぎゃくに、胸に突き刺さってくるのです。

文字を知らない老婆が、息子につたえたい一心で、囲炉裏の灰で練習して、書き綴った手紙……。それは、まちがいなく、息子・英世の心を突き動かし、一五年ぶりとなる帰国の足を早めさせたのです。

二か月間、ともに過ごしたシカの「おとぎの国にいるようだった」という至福の言葉に、だれもが心を癒されるでしょう。

●これこそ心に残る文章である

わたしは、ふと思います。

この手紙を、出版社の校正のプロが、誤字や脱字、言い回しをチェックし、〝正しい〟〝きれいな〟日本語にしたら、どうなるか？

おそらく、あの衝撃的な感動は、胸に伝わってこないでしょう。

この「シカの手紙」は、素晴らしい文章とはいったいなにか？　という本質的問いをつきつけています。

それは、技巧でも、知識でもない……という真理を、おしえてくれるのです。

本書のタイトルは『心にのこる、書きかた、伝えかた』です。

シカの手紙は、まさに「心にのこる」文章です。

なぜ、心にのこるのか？

老母には、うまく書こうとか、きれいに書こうとかいう思いは、いっさいありません。

ただ、わが子に会いたい。帰ってきてほしい。その必死の思いだけです。

●シカの手紙とピカソの絵画

前章の花森安治さんは、一文字一文字、刻むように書け、すると、それは詩になる、といっています。

まさに、このシカの手紙は、「詩」となっています。

だから、読むひとの魂をふるわせるのです。

「詩」は、ひとつの芸術です。シカの手紙は、その域にたっしているのかもしれません。

だからこうして、時代をへて、語り継がれているのでしょう。

わたしは、「シカの手紙」に感銘したとき、ふとピカソを思い起こしました。

ピカソの絵に通じるものを感じたのです。

ピカソは幼少期から、神童とたたえられるほどの絵の天才でした。

一四歳のときの石膏デッサンなど、まさに神の技としか思えぬほどの完成度です。

しかし、この天才の自信は、ある出来事がきっかけで打ち砕かれます。

それは、西アフリカ原住民の小舟などに描かれた原色模様を見たときの衝撃です。

それは、稚拙で、技巧すらない模様にすぎなかった。

しかし、青年ピカソは、その圧倒的な生命感、躍動感に、打ちのめされるのです。

●「無心」こそ、すべての本質

そこにあるのは、まさに〝無心〟です。

だから、原始の生命エネルギーが伝わってくる。

神童と呼ばれたピカソは、そのような生命観に満ち満ちた絵画が描けなかった。

神業とまで称賛された技巧が、技術が、才能が、それを阻《はば》むのです。

ついに、ピカソは筆を左手に持ち替えたとも伝えられます。

野生の筆のタッチをなんとか得たい、と苦闘する姿が目に浮かびます。

発展途上国とか後進国などと呼ばれる国々の人々には、芸術も修業も技巧も、まだまだ無縁です。それより日々の生活で精一杯なのですから……。

だから、彼らが筆をとり、絵を描くとき、それはその内なる原始の生命に無心でゆだねるしかありません。

それは「シカの手紙」が、母の愛情を切々と伝え、魂をふるわせることと通じます。

「無心」、それを禅の世界では、「悟り」と呼びます。

「無心」こそ、すべての本質といえるでしょう。

文章を書くときも、心すべき真理だと思えます。

第5章 「俳句」できたえる文章力

——駄句、迷句、おおいにけっこう、まずは挑戦

慣れれば、「短歌」も作ってみよう！

1　〝ショーティスト・ポーエム〟世界最小の詩文

●九六歳、母の日々の楽しみ

「日本は、世界でもっとも〝詩人〟の多い国である」
海外の評価と賛嘆です。
これは、俳句をたしなむ、作るひとが、それほど多いということです。
俳句に親しむひとたちは、一説には三〇〇万人くらいにたっするそうです。
わたしも、そのうちの一人です。
俳句は、〝ショーティスト・ポーエム〟と呼ばれる、世界最小の詩文です。
海外でも〝ＨＡＩＫＵ〟として人気があります。
わずか一七文字で、ひとつの世界を表現する。
それは、外国のひとびとにとっても、おどろきでしょう。
わたしの母トモ子は、小学校教員として奉職しました。
そして休日は、休む暇のない農作業……。その多忙な日々を癒したのが、俳句でした。
英彦山《ひこさん》を背にした筑豊の田園風景は、四季とともに、自然はゆったりと移ろいます。

その四季折々の変化を母は愛しみ、俳句に綴ったのです。
現在九六歳ですが、これまでに読んだ句は、数千はくだらないでしょう。
九四歳を記念して、子ども三人で、母に句集を作成してプレゼントしました。
『四季、折々のうた』（船瀬トモ子著）
その喜びように、兄、妹と私もまた、おおいに喜んだものです。

●古池やかわず飛び込む……

その『句集』には、母が幼いころ、俳句と出会ったきっかけが綴られています。

ほほ笑ましいので一部紹介します。それは、小学三年にさかのぼります。


……担任の崎山先生から、国語の時間に、はじめて俳句を習いました。

先生は、指折り数え、「五、七、五で作るんが俳句ゾ。家でひとつ作っち来い」

みんなに宿題です。さて、困りました。家でツギ子姉ちゃんに聞きました。

「姉ちゃん、俳句ちゃ、どんなもんかねぇ……？」

「そら、かんたんやが、『古池や、かわず飛び込む、水の音』たい」

「かわずちゃ、何かい？」

「〝ビキ〟のことたい」

「フーン、かんたんやねぇ……」

国語の時間に、先生から「米田、読んでみい」と指されたので、それを大きな声で読みました。

先生は、あきれて聞き返します。

「そら、だれが作ったんか？」

「うちの姉ちゃんが、作りました」

苦笑まじりに……。

「それは、松尾芭蕉という有名な人の俳句ゾ。もういっぺん作りなおして来い」

そこで、見たままを書いた〝句〟が……

○ケシゴムが、ちいさくなって、しまいました

これが、産まれて初めて作った俳句です。

「俳句ちゃ、すぐ、できるねぇ」と、幼いわたしは、なんとなく愉快でした。

目を細め、ほほ笑んでくれた崎山先生は、もう亡くなられていますが、本当にいい

先生でした。

2　五、七、五の言葉からなる〝音楽〟

●耳に心地よく響くリズム

幼い、あどけないころの、母の姿が彷彿《ほうふつ》としてきます。

これくらい自然体で、俳句と接したいものです。

最近のテレビは、下らないあきれる番組が多いのですが、タレントさんを集めて俳句に挑戦する番組をやっていました。漫才コンビ、ダウンタウンの〝浜ちゃん〟こと浜田雅功さんが、声を張り上げて司会する。

出演者おのおのの作句を、師匠格の女性俳人が添削評価します。

これは、俳句作りにはなかなか勉強になるナ……と感心しました。

俳句には、なぜ……五、七、五……というしばりがあるのでしょう?

いわゆる「定型」です。

「……俳句は、五、七、五の言葉からなる音楽です。言葉には意味のほかに、リズム（拍子）があります。人間の耳に心地よく響く言葉のリズムが五、七、五の定型なのです」

これは日本俳句研究会のホームページにある「俳句の作り方」の解説です。

「……五、七、五の原則は、一見すると無意味に決まってる、堅苦しい規則のように思えてしまい、俳句を敷居の高いものに感じさせてしまいます。しかし、これは日本語の性質から自然にこの形になったものであり、ちゃんと意味のあるものなのです」（同）

●記憶に残り口ずさまれる

「五、七、五のリズムを刻む句は、口ずさみやすく、耳に残りやすいのです」

ここでも、やはり松尾芭蕉の名句を例に引いています。

――古池や　蛙飛びこむ　水の音――

これを、同じ意味でも、次のように記述したらどうでしょう?

――古い池に　蛙が飛び込んで　水の音がした――

同じことを書いているのに、どこかちがいます。

「……これでは、意味を拾ったあとに、すぐに忘れ去られてしまうでしょう。

〝音楽〟は、記憶に残って口ずさまれるけれども、『説明文』は、その場かぎりの情報伝達の役割しか果たさないのです。

これが、俳句とふつうの文章とのちがいです。

口ずさみやすく、ひとびとの心に余韻を残す名句は、記憶に残り、結果、後世にまで語りつがれるのです」（同）

3　五、七、五リズムは、なぜ心地よい？

●民族記憶に残る言霊リズム

では……、なぜ、五、七、五のリズムは、日本人にとって心地よいのでしょう？

「……短歌や俳句などの文学に限らず、キャッチコピーやスローガン、モノの名前など、五文字や七文字のリズムが多く使われていますが、なぜですか？」

これは、「ヤフー知恵袋」への投稿。質問者は、さらにこうもたずねています。

「……三、三、七拍子や三本締めなど、三もよく利用されている気がします。四や六だと、なんだか気持ち悪い。違和感があるとさえ感じます。この感覚のちがいは、どこからきているのでしょうか？」

さて、これへの「ベストアンサー」をみてみましょう。

「日本語のルーツとも関わる問題です。インドの古代民族であるドラヴィダ族が東南アジアから日本に至る沿岸部の海洋農耕民族のルーツと言われています。日本語とドラヴィダ語の類似性が非常に高いという説があります。ドラヴィダ語にも――五、七、五の詩――があるそうですね。民族の表面的な特徴は、かんたんに同化によって消えます。しかし、言語や、言葉のリズムは残るようですね」

ナルホド……なかなかの蘊蓄《うんちく》です。勉強になります。

つまり、民族の生理的記憶としてＤＮＡ（遺伝子）に刻まれ、子孫に伝えられている……のです。

たとえば、肌の色など人種的特性は、遺伝子により子孫に伝えられます。同じように、言語のような文化的特性も、子孫にやはり遺伝していくことは、まちがいないようです。

●「ありがとう」と「ばかやろう」

言葉は、言霊《ことだま》である。

よく、言われます。これは、なにか一種の譬《たと》えとして、受け取られています。

しかし、じっさいに、たんなる言語を超えて、もっと深く、精神的、生理的……さらには霊的にと、深く関わっているようなのです。

たとえば、最近の心身医学では、次のような実験を行って、言葉の生理的効果を実証しています。

被験者と実験者が、互いに向かい合って立ちます。

被験者は、右手をまっすぐに伸ばします。

そして、「ありがとう」と言ってもらう。

すると、実験者が伸ばした腕を下に押しても、なかなか下がらない。

今度は、「ばかやろう」と言ってもらう。

すると、腕は、かんたんに下に下がってしまうのです。

つまり、「ありがとう」という感謝の言葉が、無意識に筋力を強め、「ばかやろう」という侮辱の言葉が、筋力を弱めている。

これは、まさに——言葉が生理的な力——を秘めていることの証しです。

4　至福の波動——〝言霊〟のなせる奇跡

●生命力に〝スイッチ〟が入る

病気にしても、同じことがいえます。

病気を憎まず、まず感謝する。すると、奇跡が起きるのです。

あたかも生命力に〝スイッチ〟が入ったかのように、みるみる治癒していく……。

それはまさに、人間にほんらい備わった自然治癒力が最大限の〝オン〟になったのです。

医師、治療師たちは、そのような奇跡を目の当たりにしています。

症状を恨み、呪っている。そんな患者は、なかなか治らない。

体より、心が病んでいるのです。病気——とは「気」が「病む」と書きます。

ぎゃくに、症状こそ治癒反応で、治っている証しである——と気づいた人は、辛い症状にも、深く感謝します。「有り難い」とは「難有り、ありがたし」と読むのです。

そういうひとは、みるみる治癒していきます。

ガン患者が典型です。ガンに感謝し、前向きに生きる決意をしたひとは、周囲がおどろくほど、すみやかにガンが退縮、消滅していくそうです。

古来より、それを宗教の世界では〝悟り〟と呼んでいます。

その〝悟り〟の境地に導くものが、言霊なのでしょう。

●脳言語中枢が快刺激と感知

ヒトは〝発声〟動物です。他の動物も、声を発して仲間に危険を知らせたり、呼び合ったりします。しかし、ヒトは、さらに奥深い情報を声で伝え合います。

そこから、言語が産まれたのです。それは、まさに〝音〟つまり〝波動〟による情報伝達ですから、大脳皮質から脳中枢にいたるまで、生理的に制御します。

よく左脳、右脳といわれます。

おもに左脳は理性、右脳は感性をつかさどっているそうです。

脳には、言葉を理解し発信する部位、言語中枢があります。

そこでは、言語は〝波動〟刺激として情報処理されます。

最近は、コンピュータですら、音声入力を理解するようになっています。

それは、音声の〝波動〟パターンを解析、処理して認識しているのです。

人間の脳でも、同じ情報処理が行われています。

五、七、五の波動パターンは、おそらく、大脳にもっとも心地好い刺激パターンとして、DNAに記憶され、何世代にもわたって、代々受け継がれてきたものと思われます。

心地好い……ということは、脳下垂体を刺激して、各種神経ホルモンを分泌させるからです。それらは、エンドレフィン（快感）、ドーパミン（感動）、セレトニン（安心）、オキシトシン（愛情）……などなど。

これらが、深い至福感をもたらします。

まさに、至福の波動——言霊のなせる奇跡——というしかありません。

5　日本語の基本リズムを体得しよう！

●俳句、短歌で磨く文章力

以上――。言葉のリズムは言霊のリズム、すなわち、生命の根源波動であることが、おわかりいただけたでしょうか？

だから、言語が異なれば、言霊の波動も異なります。

そして、五、七、五のリズムは、日本語という言霊の基本波動なのです。

さらに、七、七と続く短歌も、また同じです。

五、七、五……七、七のリズムを体得することは、日本語の基本リズムを体得することです。つまりは、文章上達のまさにキー・ステップです。

この階段を上ることこそ、達意の文章にいたる道なのです。

まずは、気楽に、一句ひねってみませんか？

俗に迷句、駄句、バレ句……などといいます。下手くそな俳句をちゃかしたものです。

そんなことは、いっさい気にする必要はない。

絵画の世界をごらんなさい。とくに、前衛絵画にいたっては、まさに自由奔放な世界です。イラストでも〝下手ウマ〟な作品もあります。

だから、自分さえ気にいれば、それは名句なのです。

ちょいと一句浮かんだら、手帖にすぐにメモします。

そうしないと、すぐに忘れて……アレ、なんだっけ、となります。

●めんどう臭けりゃ川柳だい

よく、鼻歌といいますね。風呂のなかで思わず口ずさむ。

それと、おなじでいいのです。

——風呂のなか　おもわずもらす　俳句かな——

そりゃ、川柳だよ！　と、ちゃちゃがはいりそう。それで、いいのです。

川柳は、くだけた俳句です。俳句には、いちおう決まりがあります。その代表が季語です。つまり、四季をはっきりさせることで、情景に深みをあたえる……のです。

そんなの、めんどうくせえやい……と、庶民のあいだで流行ったのが川柳です。

こちらは、五、七、五以外には、なんの決まりも、へったくれもありません。

——そんなのは　めんど臭えと　屁をもらし——

これは、まさ戯れ句。遊び心満載です。俳句は上品つまり品格が求められます。

しかし、こちとら下品でけっこう。庶民が尻をまくった痛快さと笑いがあります。

それは、落語に通じる、肩のこらない世界です。

和歌にも、約束事をぶちこわした狂歌の世界があります。


――泰平の　眠りを覚ます　上喜撰　たった四杯で　夜も眠れず――

これは、幕末の黒船来航の騒ぎを皮肉った有名な狂歌。黒船パニックの不眠と、お茶（上喜撰）のカフェインをかけた、なかなかの傑作。

川柳、狂歌には、体制や権力を批判する反骨精神が息づき、この世界もなかなか魅力的です。

●音感から語感がみがかれる

俳句、川柳などをひねっているうちに、あなたの文章力に変化が起こります。

文章に、知らず知らずのうちにリズム感が産まれてくるのです。

つまり、あなたは日本語ほんらいのリズム感、つまり、言霊の波動リズムにめざめてきたのです。音感から、語感がみがかれてきたのです。

すると、文章を書くのが、たのしくなってきます。

さらに文章力が上達すると、会話力も上達してきます。

言葉がリズムを持つから当然です。言葉が、一種の音楽であることを体感するはずです。古来より伝わる能楽、謡曲、浪曲などの口唱芸能は、別の見方をすれば、それは口唱文学です。だから、枇杷《びわ》や三味線などの鳴物伴奏で文学を語り、謡い、大衆に伝えてきたわけです。

まずは、川柳や俳句に親しみましょう。

五、七、五に馴染んだら、……七、七を加えた短歌にも挑戦してみましょう。

好きな短歌に親しみ、口ずさんでいるうちに、ふと、知らずにわきあがってきます。

それが、あなた自身の歌なのです。

6　映像（イメージ）力を高めよう

●日常風景をふと切りとる

もうひとつ。俳句で忘れてはならないのは、映像力です。

つまり、情景をイメージする力。そして、描写、表現する力です。

コスモスを　揺らしてバイク　ゆきにけり

いのちあり　緑うるわし　志賀の島
大阿蘇の　春によこたふ　寝釈迦かな

このように、日常の風景をふと切りとる作業は、楽しいものです。

映像（イメージ）は、主に右脳で形成されると言われています。

それは、昨今いわれる脳トレにもなります。

九〇歳を過ぎても俳句を作り、句誌に投稿を続ける母は、「母ちゃんのボケ防止たい」と笑っていました。

だから、老人ホーム入所時の認知症テストでも、満点だった……そうです。

想《おも》ふれば　九四年の　庭紅葉《もみじ》（トモ子）
遠目にも　全山分かつ　竹の秋（〃）

母の句は、じつに映像的で力強い。女性的というより、男性的な一面もあります。

長江に　砕けて流る　夏の月（隆介）

父が中国に出征した折りの句。その力強さに、圧倒されました。

……その父を七八歳で看取ったときのわたしの感慨です。

ぬくもりの　消えゆく父の　手のひらを　いくたびもなお　握りたたずむ

父逝《ゆ》きて　ぬるき春風　頬に受く

父を送ったときの、あの日が、ありありとおもい浮かびます。

言葉（言霊）は、まさに、時空を超えるのです……。

第6章

名文家はみんな「落語」好き

――「落語」には、文章の栄養が詰まっている

まずは三遊亭円生、古今亭志ん生のCDから入門

1　話の師匠、三遊亭円生

●円生は語りの師匠である

わたしは、落語が大好きです。

三度の飯より好きかもしれません。（考えたら一日一食だ！笑）

大学で演劇科に入ったのも、「落語評論でも書いて、人生、のんびり生きようか」と思っていたからです。

苦労の多かった青春を癒《いや》してくれたのが、落語と映画でした。

落語では、三遊亭円生にはまりました。

とにかく、上手い！　滑稽噺《こっけいばなし》をやらしても、芝居噺をやらせても、とにかく上手い。

当世、当代きっての演者といっても過言ではないでしょう。

なんど聞いても、その話芸には、ひきこまれます。

わたしには、こうみえて師匠が大勢います。

文章の師匠は、先に述べた花森安治さん（第3章参照）。ちなみに、映画の師匠は黒澤明監督。そして、話の師匠が三遊亭円生なのです。

これもべつに、ごめんください、と師匠の玄関を訪ねて、弟子にしてください、とお願いしたわけじゃない。勝手に、こちらで思いこんでいるだけです。

それでも、人生で師匠をもつことは、とてもたいせつだと思う。

●芸を真似れば芸が身につく

「まなぶ」ことは「まねぶ」……と書きました。

最初は、「学び事」はなんでも、模倣から入ります。

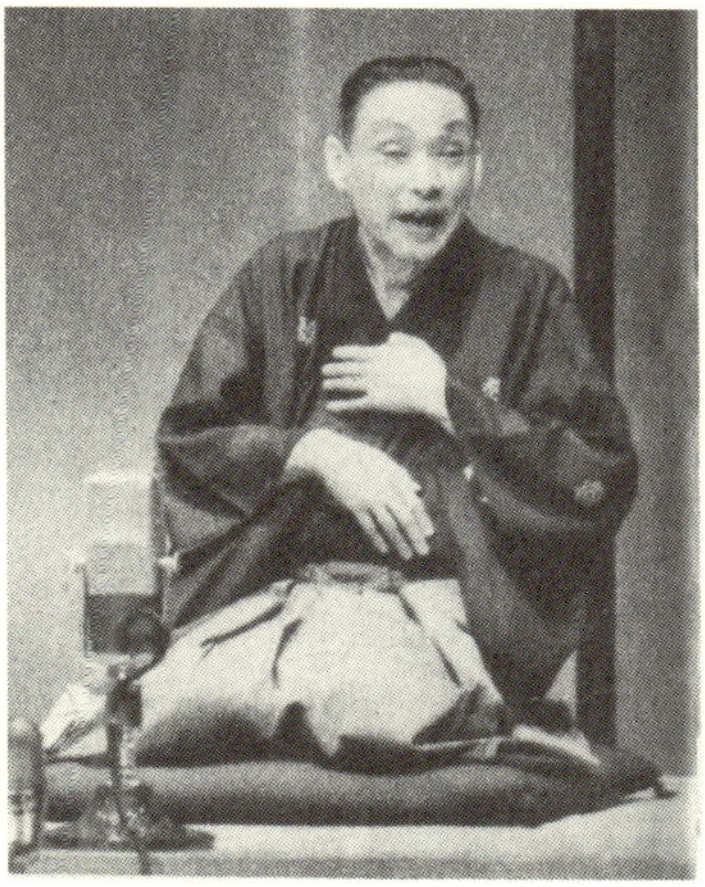
六代目三遊亭円生

だから、師と仰ぐ先達が必要なのです。

それも、その高峰は、仰ぎ見るほど聳《そび》えているほうがいい。

あなたには、心の師と仰ぐひとがいますか？

いつか、あのひとのように……と憧《あこが》れて、慕《した》うひとがいますか？

わたしは、話芸の達人、円生師匠の芸に出会えて、ほんとうに幸せだと思います。

ちょいと目を閉じる。

すると、師匠のあの少しかすれた、朗々とした声が、ありありと聴こえてきます。

「……ええっ……その、男だいいちの愉快と申しますると、もう、エへへ……まわりにこの、きれいな女の子かなにかを、とりまかして、ねえっ、あなたぁ、いいわよぉッ……なんて、いってるほうが、お父っつぁんと、にらめっこしてるより、よっぽどユカイ……という」

これは、古典落語『品川心中』の枕《まくら》。

マクラとは、本題に入る前に、ちょいと時事ネタとか、さりげない小噺で客の反応をみるというヤツで、これで爆笑なんぞがとれればもうこっちのもんだい、というヤツで……。

●記憶の声が、そのまま口から……

耳に聴こえてくれれば、もう、そのまま語るのは、じつにかんたんです。

わたしは、記憶から相手の声が聞こえてくると、そのままの音声が口から出てきます。

いわゆる〝声色〟というやつで、そっくりそのまま自分の声になるのです。

不思議なものですねぇ。相手に似せようとしているわけでない。なのに、そのひとの声を想像すると、そっくりそのまま喉から出る。なぜだろう。

喉にオート・ボイス・チェンジャーが付いているのかな（笑）。

声帯模写のうまいひとは、そんな声帯構造になっているのかもしれませんね。

タモリさんなんかも、そう。大橋巨泉さんの話になったとき、突然タモリさんの口から巨泉さんが出てきて、ビックリです。

わたしの講演会でも、会場から声がかかることがあります。

「刑事コロンボ！」「高倉健！」「三船敏郎！」

つまり、これら物まねのリクエストなんですね。全部やったら、講演会でなく物まね大会になってしまうので、最近は控えていますが……出もの、はれもの、ところ嫌わず……。思わず知らずに声色が出ることが、ままあります。

会場は、爆笑と拍手がわきます。まあ、お通夜みたいに深刻な雰囲気は苦手なので、物まねで盛り上がるのもありかな……と、年がいもなくやってます。

会場のみなさんは大爆笑すれば、免疫ナチュラル・キラー細胞もグンと活性化しますから……。

2　志ん生のコッケイ噺にユーモアを学ぶ

●とぼけた話芸に大笑い

落語で、もうひとりおすすめが、古今亭志ん生です。

円生師匠が正統噺なら、志ん生さんは滑稽噺です。

「エーッ……」と言っただけで、会場に笑いがわく。とぼけた味は絶妙ですね。

オハコの『火焔太鼓』なんて、たまりませんよ。

志ん生師匠の私生活もぶっとんでいて、新婚の夜に女郎買いに行ったというつわものぶり、痛快というしかない。

……だいたいネ、芸人というのは、その、世の中のォ、常識におさまりきらないから芸人になったんで、それをネ、世間常識てぇヤツで、ひとくくりに、くくろうたって、そりゃあ、ムリっていうもんですよ……と、なんだか、志ん生師匠の口

五代目古今亭志ん生

ぶり、話しぶりになってくる。

●噺のスジを忘れて客に聞く

志ん生の芸は、ひとことでいうと無手勝流で、そのときの気分でやっちまう。晩年のあるとき、古典落語をやっていたら、主人公の名前が途中で変わってしまっていた。八さんが熊さんになったようなものだ。

それでも、気づかずサゲまでやって高座を降りた。

それを、落語家で息子の志ん朝が「親父、人の名が変わっちまってたよ」というと、

「うるせいやい。落語ってのは、それでいいんだ」

あるとき、志ん生が高座で話しているとき、ふとストーリーを忘れてしまった。

しかし、慌てず、小首をかしげて客席にきいた。

……エエッと、このハナシは、これからどうなりましたかねェ？……

聞かれた客、少しもあわてず「山からイノシシが出てくんだよ」

……ああ、そうそう。そこで山から、ソノ山より大きなイノシシが……

なんてやったとか……エピソードには、こと欠かない。

落語てのは、庶民の娯楽、たのしみ……かた苦しく考えても仕方がねぇやい……さばさ

ばしたもんです。

●生真面目の文楽、破天荒の志ん生

これにくらべて桂文楽の落語は、その端正な面立ちと同じで、隙《すき》がなかった。そして、正確無比……。

あるとき、魔がさしたのか高座で登場人物の名前を失念、一瞬、言葉に詰まった……。しばしの沈黙……そして、深々と客席に頭を下げ「勉強しなおして参ります」。

それから、高座に上がることは二度となかった。

武士なら、その場で切腹したかもしれないほどの生真面目さである。

同じようなハプニングは、志ん生も体験している。

登場する侍の名前を言おうとしたところで……出てこない。ド忘れというやつで。

同じ窮地で、文楽は深々と客席に詫びて、決然と職を断った。

志ん生はどうしたか?

……エエッとォ、そのお侍の名は……エヘン……その、お侍の名は……

会場も、あ、これは忘れたな、と気づく。師匠はしかし、ゆう然と……そのお侍の名は……思い出そうとしても、思い出せないほど立派な名前のおかたでございまして……。

会場が大爆笑の渦に包まれたのは、いうまでもない。

●御前試合と野試合では……

落語もしょせんは庶民の笑い、娯楽……と割り切った志ん生の、頓智頓才《とんちとんさい》に軍配が上がる。文楽の折り目正しい芸風は、上品だが息が詰まる。

これは、善し悪しというより、好みの問題だが……。

天才型の円生と、破壊型の志ん生……たがいに芸風は正反対だったが、若い頃から仲がよかった。円生は親友にたいして、このような賛辞を送っている。

「……もしも、御前試合だったら、あたしはネ、志んさんには、そりゃ、もうすべて勝つ自信はある。しかし、野試合となったら……こりゃ、とても、とても……（苦笑）」

すなわち、正統落語なら自分は勝てる。

しかし、型破りで来られたら、とてもかなわない……と、そのスゴさを認めている。

その円生も、茶目っ気は、ひと一倍あった。

かつて、日本芸術員会員に推薦されたとき、ていねいにそれを辞退している。

その理由が笑わせる。

「あたしは、その……芸はやりますが、術の方は使いませんもので……（笑）」

そもそも三遊亭の〝三遊〟とは、「飲む」「打つ」「買う」のこと。これくらいの道楽ができなきゃ、噺家なんぞになるんじゃないよ……ということなのである。

3　落語は一人で演じる総合芸術だ

●制約が演劇空間を広げる

と……ここまで、落語家のエピソードをつづってきました。

落語好きなら、にやにやする話題だらけ。

しかし、落語を知らないむきには、いまいち分かりづらかったかもしれません。

なにはともあれ、ゆったりくつろいで、落語に耳をかたむけることをおすすめします。

少なくとも、ここまで読まれたなら、文章の上達に落語が豊かな栄養源となることは、おわかりいただけたでしょう。

わたしは、落語とはなんだ？　と聞かれたら、胸をはってこう答えます。

「世界に誇る総合演劇である」

おやまあ……なんと大仰な……と、あきれるひともいるでしょう。

落語は、ひとりで行う話芸です。そして、高座の座布団に座ったままで演じる。おまけに、小道具は二つしかない。手ぬぐい、扇子、たったこれだけ。どこが〝総合〟だい？　と、ちゃちゃが入りそうだが、この制約の多さが、ぎゃくに落語の空間を広げている、といえます。

●人物を演じ分ける面白さ

もうひとつ。総合芸術の名にふさわしいものに映画があります。

製作、脚本、監督、演技、音響、照明、衣装、小道具、大道具……と、とにかく大掛かり。アカデミー賞受賞式を想像してください。

どれだけ多くのプロフェッショナルたちが、この総合芸術に携わっていることか！

これに対して落語は、まさにシンプル。

上記のプロたちの仕事を、全部じぶんでやる……といっても過言ではない。

なるほど、古典落語では、話の筋が決まっています。

しかし、それをどう自分なりに解釈して演じるかは、演者しだい。

ぎゃくに、大筋が決まっているだけに、演者の力量が試されます。

さらに、映画には監督が総指揮を執ります。しかし、これも演者の落語家次第。さらに、演技、音響、小道具まで、全部ひとりでやる醍醐味と面白さがある。

扇子が、ときに刀になり、キセルになり、槍になったり。自由自在……。

音響効果も、カラスの鳴き声から馬のいななき、釣り鐘の音、蕎麦をすする音まで、演じ分けなければならない。

それよりなにより、登場人物を全部ひとりで演じるのだから、すごい。

一人ひとりの個性を演じ分けないと、聞いているほうは、物語の世界に入ってこれない。

その演じ分けの見事さでは、まさに三遊亭円生の右に出る者はいない。

声色は五人であろうと十人であろうと、屁の河童《かっぱ》。

実に巧みに、生き生きと演じ分けていて、聞く者をあきさせない。

4　学校の国語時間に落語を聴かせろ！

●家畜なみに黙々働かされる

「――学校の国語の時間に落語を聴かせろ！」

わたしは、ずっと言い続けている。

なぜか？　日本人は、世界でいちばん口下手だからだ。

社会はコミュニケーション（意思疎通）で成り立っている。

そのコミュニケーション能力が、日本人は世界最低なのだ。

これで社会が成り立つわけがない。

だから、先進諸国のなかで、日本だけが、経済が右肩下がり。

過去二〇年間の先進諸国のGDP伸び率を比較する。すると、驚愕事態が判明する。

中国一四倍、米国二倍、英国二倍、フランス二倍、ドイツ一・四倍……そして、わが日本は〇・八五倍……！

なんと、日本だけが右肩下がりで、二〇年前より、貧しくなっている。

そして、今もドンドン貧しくなっている。奈落の底に落ちていく……。

●『雑談が15分続く本』とは！

こんなていたらくの日本を救うのは、正反対の真逆の日本人だ。

自分の思うことを、胸をはって堂々と提案する。実行する。

ところが、日本人には提案力、つまりプレゼン能力が決定的に欠落している。

とにかく、人前で話せないのだ。それどころか、まともな会話もできない。

ある書籍の新聞広告にギョッとした。

――『雑談が15分続く本』六万部突破！――

そのタイトルに、目がテンになった。今の日本人は、一五分の雑談すらできない!?

親友の映画評論家Nと、たがいに酒を飲みながら大笑いした。

「オレたちだったら、二四時間は続くなあ」

Nとわたしは、映画と落語の話をしたら、何時間でも話は大いに盛り上がる。

学生時代、同じ演劇のクラスだったNは、わたしに映画の醍醐味を教えてくれ、わたしは、彼に落語の面白さを伝授したのだ。

5 「どうだい！ 元気か？」「ビミョー」

●会話できない若者が増えている

闊達な会話力のある日本人を育てるには、学校教育も、根底から変える必要がある。

その〝教育改革〟のひとつが、国語の時間に落語を聴かせろ！ という提案なのだ。

わたしは、若い頃から落語を聴いて、こんなに面白い世界があるのか！ と、のめりこんだ。

そこには、日本語が生き生きと脈打っていた。とくに古典落語で飛び交う言葉は、まさに江戸庶民の暮らしを想像させて、あきさせない。

国語には、文語があれば、口語もある。文章力も必要だが、それよりもなによりも、まず会話力は絶対に必要だ。それは、人間として社会に生きるための、必須能力だからだ。

その会話ができない若者が、増えている。

「どうだい！　元気か？」と、声をかける。すると、ボソッと小さな声で、

「ビミョー」

これでは、このクニは終わりだ……。

●よく語り、よく聞く会話力

自分の意見をよく語り、相手の意見をよく聞く……。

これが、会話力だ。それを教える教育が、日本の教育現場では完全に欠落している。

アメリカでは、小学校の国語授業の一時間目のテーマは、「わたしの好きなもの」だ。

各自家から、自分の「いちばん好きなもの」を持って来させる。

そして、みんなの前で「なぜ、それが一番好きか？」を発表させるのだ。

欧米ではこうして、小学校一年から発表能力を教え、養っている。

とにかく、日本の小中高どころか大学生まで、異様に口数が少ない。

そして、何かに命じられたかのように、全員がスマホをいじっている。そうでなければ、パソコン画面に見いっている。そして、会社の経営者たちは、嘆くのだ。

「最近の若いやつらは、何を考えているのか、さっぱりわからん」

6　落語で、文章力もアップする

●楽しく息づく言葉遊び

まずは今日からでも、国語の時間に、子どもたちに落語を聴かせたらどうだろう。

志ん生の『火焔太鼓』など、ストーリー展開も面白いので、子どもたちは、目をかがやかせて聴き入るだろう。その絶妙な話芸に、びっくり爆笑し、夢中になるだろう。

たちまち子どもたちは、しゃべることの面白さ、楽しさに、めざめるにちがいない。

すると、日本語の口語つまり話し言葉も、生命力を吹き返す。

たとえば、かつての日本語には、会話のなかに絶妙な言葉遊びがあった。

「恐れ入谷の鬼子母神《きしぼじん》……」「あとは白根《しらね》の富士の山……」「こうなりゃ欲と二人連れ……」「勝った！　勝った！　と下駄の音」。

すべて、落語のなかに登場する語り口だ。

日本語が生き生き、ぴちぴちしているのが、おわかりいただけるだろう。

そのように会話力、口語力が身につけば、文章力が飛躍的に向上するのもあたりまえだ。

子どもというものはほんらい、にぎやかで、やかましくて、いたずらで、いつも笑っている……そんな存在なのだ。

ところが、いまどきそんな子は〝問題児〟のレッテルを張られてしまう。

そして、親や先生のいうことをよく聞く子が、〝よい子〟として評価される。

そんな、無口で従順な子のほうが、よっぽど〝問題児〟じゃないか。

おしゃべりな子たちよ、出よ！

●文豪、財界人、文化人は落語好き

落語が文章力を培う。それは、文豪の多くが落語マニアであったことからもわかる。

夏目漱石は、寄席に出かけては、三代目柳家小さんの落語を聞き惚れていた、という。

小説『三四郎』のなかで、登場人物に語らせている。

「……小さんは、天才である。あんな芸術家は滅多に出るもんじゃない。何時でも聞けると思うから安っぽい感じがして、甚だ気の毒だ。実は、彼とときを同じうして、生きている我々は、大変な仕合わせである」

漱石の落語への心酔ぶりが、よくわかる。

さらに、谷崎潤一郎、芥川龍之介も、落語好きであった。

さらに、渋沢栄一、吉田茂、高橋是清など歴史に名を残す経済人や政治家も、落語を深く愛していたことが知られている。

『男はつらいよ』シリーズの山田洋次監督の落語好きも有名。

寅さん映画には、古典落語のエキスが、ふんだんに盛り込まれている。

また、大橋巨泉さんやタモリさん、ビートたけしさんなど秀でた芸能人に、落語好きは多い。

「年収一〇〇〇万円以上ビジネス・パーソンの実に四四％が『落語』好き、と回答した」というアンケート調査もあります。

落語は、知的なひとたちに共通する趣味ともいえるのです。

第7章

「映画」で学ぶ文章術

──映像（イメージ）なき文章に力はない

黒澤、小津……世界に誇る文化遺産を堪能せよ

1　総合芸術「映画」でイメージ力を蓄積

●年五〇〇本近く観る日々

文章力は映像力です。

文章を読むと、映像が知らず知らずにわいてくる。

そんな文章が、すぐれた、よい文章といえます。

もっとも映像（イメージ）に満ちた芸術とは、なんでしょう？

それは、映画です。それも、総合芸術です。前章で述べたように、映画製作には、大変多くの才能が結集しています。俳優の演技だけでなく、カメラ、美術、音楽、衣装……など、映画から学ぶことは無限といってよいほど、尽きることがありません。

わたしは、大学で演劇科にいたころから映画マニアです。それは今も続いています。

年間五〇〇本近く観ている……というと、たいていのひとは絶句します。

とくにネット配信映画〝Ｎｅｔｆｌｉｘ〟に加入して、まさに、映画の宝庫に迷い込んだ気分です。一日二本、三本観ることもザラとなった。

これはイカン！　いまは、反省して控え気味にしていますが、映画中毒なので、注意しないと、仕事をほうり出してハマってしまいそうです。

ちなみに、遅ればせながら、映画評論家としてもデビューを果たした。月刊『アネモネ』で連載中（タイトル『映画が変わる、未来が変わる！』）。

●いい映像を！　いい音楽を！

いい文章を書くには、いい文章を読まなければなりません。

同様に、いい映画を観なくてはなりません。いい映像を観て、いい音楽を聴く。これらは、イメージや音響の記憶として、脳記憶中枢に蓄えられていきます。こうした、映像や音楽の蓄積（ストック）が多いひとほど、豊かな文章を書けるようになります。

文章力とは、映像力なのです。

だから、文章を書く――という行為は、頭の中に浮かんだ映像（イメージ）を、文章で記録する作業にほかなりません。

だから、豊富なイメージ力を持っているひとは、豊富な文章力を持っているのと同じです。それだけ、映像（イメージ）のストックが豊かだからです。

かんがえてもみてください。最近は年に一本くらいしか映画を観ない。これが、一般的な日本人のようです。他方で、わたしのように年に約五〇〇本も観ていると、その差は

〝五〇〇目〟瞭然……。これだけ映像（イメージ）情報量の大差があれば、文章力に差がつくのはとうぜんでしょう。

●ディズニー映画は〝洗脳〟か？

映画は、外国に行かなくても世界中のさまざまな国々や、さまざまな文化をありありと見せてくれます。歴史、民族、政治、紛争、戦争……。さらに、家族や男女の愛などなど。

ただし、気をつけなければいけないこともあります。

それは、巧みな〝洗脳〟装置として使われてきた歴史があることです。

その〝役割〟は、いまでも変わりません。

その典型が、昨今のハリウッド映画でしょう。

ファンタジーやアメリカンコミックもの、ＳＦ作品……などは、ほとんど大衆〝洗脳〟映画といってよいでしょう。

『トランスフォーマー』や『アベンジャーズ』シリーズなどは、まさに、おバカ映画と肩をすくめるしかありません。さらに、『ディズニー』映画も、大衆愚民化シリーズと言わねばならない。ファンのかたは、不愉快な思いをするでしょうが……。

そもそもウォルト・ディズニーは、筋金入りの国際秘密結社フリーメイソンの主要メンバーであったことは、あまりに有名です。

ここでは、〝闇の支配者〟などに触れている余裕はありませんが、『スターウォーズ』などを含めて、大作映画は、人類〝洗脳〟の役割を、多かれ少なかれ担《にな》っていることは、わすれないでください。

2 シナリオ創作で自身の映画を〝観る〟

●映写は〝心のスクリーン〟

映画製作も、イメージ力で決まります。

わたしはこれまで、何本か映画シナリオを書いてきました。

映画化されれば本望ですが、シナリオ自体を、創作作品と考えているのです。

シナリオを書く楽しみは、「自分ひとりだけの作品を、自分ひとりだけで観る」ことができるからです。

むろん、映写するのは、〝心のスクリーン〟です。

そこに、みずからが創作した〝映画〟が上映される。映画音楽も、自分で作曲したり、選定したものが鳴り響きます。

たとえば、『アンデス幻想』は、早大山岳部パーティーが南米の未登峰に挑んだ実話を元にした映画です。冒頭は五～六千メートルを超えるアンデスの山嶺の空中撮影……。

そこに、民族音楽「コンドルは飛んでいく」の演奏をかぶせます。民族楽器チャランゴが、切なく、高々と鳴り響きます。ありありと〝心のスクリーン〟に映る、圧倒的な映像と音楽に、感動しました。

●登場人物が勝手に動く、語る

最近作は、『寺田屋襲撃――龍馬外伝』。これは、幕末から明治維新を影で操った、秘密結社フリーメイソンのメンバーである武器商人、グラバーと、坂本龍馬の友情を描いた作品です。騙されたふりをして、最後に大政奉還という平和革命を成し遂げた龍馬に、刺客を送らざるを得なくなったグラバーの悲嘆を描いたのです。

この作品も、シチュエーションさえ設定すれば、イメージが鮮明に沸いてきて、登場人物の龍馬や勝海舟などが勝手に動きだし、勝手に喋りだします。

だから、わたしは、それをたんに書き留める〝記録係〟のようなものです。

小説創作も、同じことではないでしょうか？

3　文化遺産は富士山よりも黒澤映画

●動の黒澤明、静の小津安二郎

わたしが注目するのは、メジャーでなく、マイナーな作品群です。

さらに、古典的な傑作群は、まさに感動ものです。

そのなかでも絶対におすすめは、黒澤明と小津安二郎、両監督の作品です。

二人とも、日本を代表する巨匠であることは、衆目の一致するところです。

しかし、作風は、一八〇度対極にあります。

黒澤作品はダイナミズム（躍動）に満ち、小津作品はリリシズム（抒情）が漂っています。言いかえると、「動」と「静」の対比です。

わたしの映画体験は、四歳のときにはじまります。

この年に観た映画は、はっきり覚えています。

『しいのみ学園』（清水宏監督）。これは、じっさいに存在した学園の物語。当時流行していた、ポリオ（小児マヒ）を題材に映画化した作品です。

二人の息子が、次々にポリオに冒された教員（宇野重吉）は、私財を投じて、幼い身障者のために、ささやかな施設「しいのみ学園」を建設する。そのとき、タイトルバックに流れた「ぼくらは、しいのみ、丸いしいのみ、おて手に落ちて逃げようよ、お池に落ちて泳ごうよ……」という歌が、四歳の頭に、そっくりそのまま入ってしまった。今でも、歌声がハッキリ聞こえるのだから、幼いあたまの柔らかさは、たいしたものです。

『ゴジラ』(第一作)。避難民たちの背後の山の向こうから、ゴジラが現れ仰天した。あんな恐ろしいものがいる東京にはぜったいに行くまい、と幼な心に思った。

『大アマゾンの半魚人』。こんなゲテモノ怪獣映画が、よくぞ田舎の映画館に来たものです。ラスト、水中銃が刺さった半魚人が、深く深く沈んでいくシーンで、場内が明るくなったのを覚えています。

4 一九歳、『七人の侍』の感動と衝撃

●一度で全てが頭に入った!

わたしの映画体験で特筆すべきは、一九歳のときテレビ放映で観た『七人の侍』です。いわずと知れた黒澤明の最高傑作。最初のテレビ放映で、二週にわたり前後二回で放送された。一四インチの小さな画面ながら、その衝撃は忘れ難い。

まず、出演者たちの圧倒的な演技と存在感……。

志村喬の勘兵衛、三船敏郎の菊千代、宮口精二の久蔵——などなど。

そして、映像美と圧倒的なダイナミズム。さらに、雄渾《ゆうこん》なテーマ音楽が魂を揺さぶる。

野伏《のぶし》に襲われる貧しい村人を助けるために集まった七人の侍。その主題（モチーフ）は「強者は、弱者のために死ねるか」という人類永遠のテーマである。

この映画体験、いかに強烈だったか！　一九歳のわたしは、一回観ただけで、ほぼ全編のカット、演技、台詞、音楽などを覚えてしまった。タイトルバックからラストシーンまで……。

黒澤明「七人の侍」© 1954 by enToho Studios. - movieposterdb.com

以前は、酒場で酔っ払うと、タイトルバックから一人『七人の侍』をやっていたが、最近はやっていない。なにしろ、本編完成版は三時間半もの超大作。演じていたら時間がいくらあっても足りない。

●スピルバーグも一〇〇回観た!?

『七人の侍』には、世界中の映画人が驚嘆、熱狂した。

〝セブン・サムライ〟を、世界の映画作家で観ていないひとはいない……と、いわれるほど。それは、映画作法のテキストとなっている。

著名なフランシス・フォード・コッポラ監督は、「五〇回以上観た」と豪語している。七〇回以上というジョン・ミリアス監督は、オマージュ作品『風とライオン』を製作。スティーブン・スピルバーグも、「新作にかかる前に、かならず観る。ぼくの映画のテキストだ」「クロサワは偉大な映画の師匠（マスター）」と明言して憚らない。一〇〇回は『七人の侍』を観ていることは、まちがいない。

5　アメリカでもっとも有名、アキラ・クロサワ

●『スターウォーズ』と『隠し砦の三悪人』

アメリカに行くと、こちらが日本人だとわかると、興奮して聞いてくる。

「アキラ・クロサワを知っているか？　イエー、〝セブン・サムライ〟！」と叫ぶ。

アメリカでもっとも有名な日本人は、黒澤明なのである。

しかし、日本人のほとんどは、そんなこともまったく知らない。

ハリウッドの巨匠たちは、ほとんどがクロサワを、〝師〟と仰いでいる。『スターウォーズ』のジョージ・ルーカス監督もその一人。このSF作品は、黒澤の時代劇『隠し砦の三悪人』を下敷きにしたものだ。

こんな有名なエピソードすら、日本の映画ファンは、ほとんど知らない。

敵に包囲された秋月城の姫君を、部下の武将、六郎太（三船敏郎）が、二人の農民（藤原鎌足、千秋実）の助けを借りながら、ついに敵中突破して、安全な隣国に送り届けるという冒険活劇。

この映画に感銘したルーカスは、一九七四年、『スターウォーズ』初校をいっきに書き上げた。そこでは主人公の名前が、なんと「アキラ」。ストーリーもほとんど、『隠し砦』の焼き写しだった。黒澤映画への、のめりこみぐあいが伝わってくる。

彼は、三船敏郎に主人公役を依頼するつもりだった、という。さらに、ダース・ベイダー役を提示したが、三船がスケジュールが困難と辞退したという。

結果として、三船は世界的超大作への出演の機会を逸したことになる。

ちなみに、『隠し砦』の二人の百姓は、なんとR２－D２、C－３POという二つのロボットとなった！

おなじみ「ジェダイ」の騎士とは、ルーカスのヒアリング・ミス。黒澤が説明する「時代劇」という日本語を、「ジェダイ……」と聞きまちがえたことから、定着してしまった。クロサワなくして、スピルバーグ、ルーカスなし……。

だから、黒澤明こそ、〝ハリウッド映画の父〟といっても過言でないだろう。

6 小学校で『七人の侍』を観せろ!

●日本が世界に誇る文化遺産

わたしは、「小学校で、『七人の侍』を観せろ!」と、本気で言い続けている。

わたしは一九歳のとき初めて観て、それ以来、人生観が変わった。

シナリオを書き始めたのも、そのときの衝撃的体験が元となっている。

世界の映画界での評価は、「今後、この映画を超えるアクション映画は現れないだろう」というもの。主題からシナリオ、配役、撮影、演技、美術……どれをとっても、映画の頂点といってよいほどの完成度である。

だから、世界の映画史では、すでにレジェンド（伝説）の名画として位置付けられている。この映画の影響を受けなかった映画作家は、世界で皆無といってよいだろう。

つまり、『七人の侍』こそ、日本が世界に誇る文化遺産なのだ。

しかし、このような圧倒的な評価を、肝心の日本人はまったく知らない。それどころか、「クロサワ・アキラ？　だーれ、わかんなーい」と、若い女性などは、まのびした声で肩をすくめる。

「黒沢明とロス・プリモス？　うん、知ってる、知ってる」

中高年でもこのていどなのだ。情けないを通り越して、涙が出そうになる。

日本人だけが、世界に誇る黒澤映画を、まったくといってよいほど知らない。

これほどの不幸があるだろうか……。

●いまだ続く！　日本愚民化政策

それもこれも、メディアの責任が大きい。

恐らく、日本人をコンプレックスに落しこみ、精神年齢を一二歳以下におとしめろ！という、敗戦後のＧＨＱによる日本占領政策と愚民化政策が、いまだ引き継がれているのだろう。

だから、日本人が誇りと勇気をとりもどすような黒澤映画は、日本では、称賛してはならない……。海外の圧倒的な激賞と、日本でも醒めた冷遇ぶりを比べると、なにか、背後に見えない力が動いているとしか思えない。

また、無知が無知を生んでいるのも確かだろう。

小学校で黒澤明の『七人の侍』を上映しろ！　といっても、まず先生たちが、だれ一人、観ていない。校長先生だって、教頭だって、「何ですか？　それ」だろう。

こうして日本は、腑抜けのクニになりはてようとしている。

シャープ、ソニー、パナソニック、そして、東芝……。かつて、〝ジャパン・アズ・ナンバーワン〟と称えられ、日本を牽引した花形企業たちの凋落ぶりは、目をおおうばかり。

さらに、神戸製鋼など巨大企業の不正は後を絶たない。

政治は、森友・加計両学園スキャンダルから、リニア談合まで、腐敗の極にある。

そして、経済の没落は、さらに奈落に続いている。

これから、こんな社会に生きなければならない子どもたちか、ほんとうにかわいそうだ。

7　『用心棒』『東京物語』も面白いぞ

●黒澤映画をドンドン観せろ

だからこそ、日本の子どもたち全員に、『七人の侍』を観せてあげたい。

これぞ、日本人が世界に誇る最高傑作なのだ。世界の映画界が脱帽し、平伏し、リスペクトしている傑作なのだ。

一九歳のわたしの人生を変えたように、子どもたちの胸に必ずや、火をともすだろう。

さらに、できたら日本の子どもたちに初期の黒澤映画の傑作群をすべて見せてあげたい。『姿三四郎』『続・姿三四郎』『酔いどれ天使』『野良犬』『わが青春に悔いなし』『生きる』『生きものの記録』『素晴らしき日曜日』『用心棒』『椿三十郎』『天国と地獄』……。

さらに、日本の映画界の惨状も付言したい。

一〇年以上前、菅原文太さんにお会いしたとき、わたしは映画への熱い思いを語った。するとと、名優は、あのかすれた声で言ったのだ。

「もう、日本映画は、おしまいですよ……」

その声は、哀しみと、絶望に満ちていた。

●『東京物語』世界ベストワンに

日本映画の低迷は、若い映画作家が、黒澤作品から学んでいないからでないか。

そうでなければ、こんなに低レベルの作品を作れるはずがない。

世界の映画水準からいっても、日本は、保育園か幼稚園なみといってよい。

それは、偉大な世界遺産クロサワから、なにも学んでいない〝悲劇〟の結果のように思える。

小学校や中学校で、黒澤映画を観賞させる。

その夢がかなったら、次は小津映画を、ぜひ若い人たちに見せてほしい。

すべてが無理なら、せめて『東京物語』だけでも、義務教育で必見としてほしい。

これは、国際的にも小津の最高傑作として名高い。

小津安二郎「東京物語」© 1953 - scanned movie poster released by Shochiku Company, Limited

近年、イギリスの映画雑誌が、世界の映画評論家、数百人に「あなたの生涯のベストワンは?」とアンケートを行ったところ、返ってきた最多ベストワンは『東京物語』だった。

「動」のクロサワ、「静」のオヅ……世界の映画界は、この二大巨匠を、はっきりと評価し、敬愛しているのである。

立ち遅れた日本よ! 目をさますときだ。

第8章

「言葉」は「絵の具」である

——ペンは絵筆、文を書くな、絵を描け！

情景を書くな、空気を描け！　創作作法を伝授する

1　鮮やかな映像を、読み手に伝える

●言語で色を伝えるのは大変

「言葉」は「絵の具」である。
こう言ったら、あなたはキョトンとするだろう。
わたしたちは、なぜ、言葉を発し、綴《つづ》るのだろう。
それは、〝なにか〟を相手に伝えたいからだ。
その〝なにか〟を表現するものが、言葉だ。
その一つひとつは、単語と呼ばれる。
言語は、口で発したら〝振動〟である。紙に書いたら〝染み〟である。
それで〝なにか〟を相手に伝えるのだから、大変だ。
相手の心にとどくように、相手の魂《たましい》にふれるように――。
ここで、ひと工夫もふた工夫も、必要となる。
それは、相手に鮮やかな「映像」を送りとどけることだ。
言葉で「映像」（イメージ）を伝える。

その方法については、これまでも、いろんな角度から述べてきました。

●まず「言葉」で「絵を描く」

その文章作法の最大秘訣は、「言葉」で「絵を描く」こと、なのです。

そのためには、「言葉」は「絵の具」であり、ペンは「絵筆」だ、と認識することです。

そして、「キャンバス」に「絵の具」で線を引き、面を塗っていく。

それをイメージしながら、文章を書きすすめていきます。

ペンを「絵筆」だと思い、「言葉」を絵の具にする……。

こんな文章術なんて、聞いたことない、とあきれるかもしれません。

しかし、身のまわりにあふれているおびただしい文章を見て、読んで、なにか気づきませんか？

そこには、色彩が感じられない。映像どころか、画像も感じられない。

あらゆる文章が、無彩色に感じられます。灰色の世界です。

それは、色彩や光彩を言葉で伝えようという工夫が、足りなかった。

そうではないでしょうか？

2　四八七色の「絵具箱」発見！『日本の色・世界の色』

●きれいな写真が導く色世界

さあ、文章で「絵画」「画像」を描くこころみに、挑戦してみましょう。
あなたは文筆家ではなく、画家になったつもりです。
まず、何が必要ですか？
絵の具箱ですね。そこに、色とりどりの「絵の具」を揃《そろ》えてください。
その「絵の具」とは、「言葉」です。
まずは、色彩を表す「言葉」（絵の具）を揃える必要があります。
そう……色を表す言葉です。あなたはいったい、どれくらい知っていますか？
はたと、苦笑いしてしまうでしょう。
そこで、いい参考書があります。『日本の色・世界の色』（ナツメ社）。
サブタイトルは「写真でひもとく487色の名前」。これは、すごい！
この本一冊あれば、「487色」の「絵の具箱」を揃えたのと同じです。
ページをくると、きれいなカラー写真が満載で、開くだけで楽しい本です。

一刷りと版を重ねているのもわかります。隠れたベストセラーですね。

座右《ざゆう》において、折にふれ、じっくり楽しみたい。そんな本です。

本書は、前半「和」の色、後半「洋」の色と大別しています。

そして、「和」の色も――「赤系」「紫系」「青系」「緑系」「黄系」「茶系」……と分類していて、じつに親切です。

後半の「洋」の色――とは、外来の色名です。

たとえば、和でいう「紫系」は、ここでは「パープル系」。そこには、外来系の名前「パンジー」「ラベンダー」「バイオレット」……などが列挙されています。ほとんどが、外来の花から来た色名です。

『日本の色　世界の色』
（永田泰弘監修、ナツメ社）

●色の冒険の旅に出よう！

さて――、最初の「青の風景」を見てみましょう。
ページ扉には、藍染《あいぞ》め暖簾《のれん》、さらに

染め付け皿、紺足袋《こんたび》の写真。

「青はふるくから使われた基本色彩語。いつも人のまわりにあった空や水の色。さまざまな青が作られてきたが、江戸時代に入り、木綿の藍染めが広まると、藍や紺が庶民の色になっていった」(同書)

次のページには、さまざまな青が左側に並びます。

「青」「空色」「水色」「瑠璃《るり》色」「瑠璃紺」「群青《ぐんじょう》色」「百群《びゃくぐん》」「紺青」……。まだまだあります。いやはや、これだけ日本人は、古代から「色に名前」を付けてきたのですね。

同書は、精度の高いグラビア印刷で、これら「色名」の微妙なちがいを表現しています。まずは、このガイドブックを片手に、色の探検に出でかけるのも楽しいでしょう。

とにかく、この本をめくっていると、「絵の具箱」を覗くようでワクワクしてきます。まさに、言葉の「絵具」が、四八七種類も並んでいるのですから……。

3 「青の風景」「茶の風景」……白黒グラデーション

●江戸の色彩感覚に驚嘆する

それにしても、この『日本の色・世界の色』は、色彩のガイドブックとして出色ですね。

いや、じつに楽しい。

世の中って、こんなに色々な色にあふれていたのか！　と、あらためて驚嘆します。

この地球という惑星、そして日本という国を、色彩の観点からみなおす。

そんな、わくわくする興奮を与えてくれます。

そういえば、わたしたちは、どれくらい色の名前を知っていることでしょう。

あらためて、深く反省するほかありません。

それにくらべて、過去の日本文化は、繊細、微細に色彩をつきつめていたこともわかります。それは、江戸時代までの着物などの色の名前の多彩さに、あらわれています。

たとえば、深い、濃い青を、わたしたちはふつう、「紺色」と呼んでいます。

ところが、江戸時代には、さらに次のように分類していたのです。

「紺色」「濃紺」「鉄紺」「紺藍」「納戸色《なんど》」「藍色」「濃藍」「勝色」「縹色」「鉄納戸」「納戸茶」「錆納戸《さび》」「藤納戸」「鉄色」……。

色見本で見ても、「濃紺」と「濃藍」など、まったく区別がつきません。

しかし、江戸時代の染め職人には、はっきりそのちがいがわかったのでしょう。

あなたは、「萌葱色《もえぎ》」の着物をイメージできますか？

それは、まさに葱《ねぎ》が萌《も》えるさまのをあらわす色なのですね。深く、淡く、くすんだ緑色です。

「浅葱《あさぎ》色」は、くすんだ水色です。振り袖着物の気品には息をのみます。

江戸職人の色彩感覚の凄さには、ただ唸るしかありません。

●暮らし、風景の色を味わう

「茶の風景」だって、凄い。凄い。

「……土や樹木の幹の色。幅広い色を表現する基本色彩語。目だちにくい色のひとつだが、その微妙な味わいが愛され、江戸時代に大流行したことがある」（同書）

「茶色」は、文字通り茶葉の色。濃ければ「濃茶」、薄ければ「薄茶」。

「弁柄《べんがら》色」は神社などの茶っぽい朱色。「黒茶」「白茶」「金茶」「赤茶」「灰茶」……は、「茶色」に各々の色を混ぜたもの。「利休茶」「団十郎茶」などは、もうお手上げです。

だけど、「生壁茶《なまかべ》」も和室の写真を見ると深緑がかった土壁で、なんとも気品がある。

「柿渋色」は、いわゆる唐傘の色合いです。「朽葉《くちば》色」は文字通り、枯れ葉の色。「赤朽葉」は、紅葉の枯れ葉色ですね。「煤竹《すすたけ》色」は、囲炉裏などで燻《いぶ》された竹の色。「檜皮《ひわだ》色」は、檜の皮で葺《ふ》いた屋根の色です。

「小豆《あずき》色」「飴色」「胡桃《くるみ》色」「栗色」は、それぞれ、もとの色を想像すればよろしい。

「海老茶」は伊勢海老を、「小麦色」は日焼けした若い女性、「赤銅色」は太陽の下、マッチョな奴。「亜麻色」は、生なりの麻を想像しましょう。

「鳶色《とび》」は、焦茶がかった日本人の瞳の色です。

「駱駝色《らくだ》」「狐色」も、動物をそのまんま想像すればよい。

「琥珀色《こはく》」は、濃いめのウィスキーのロックの色合いですね。

さらに「砥粉色《とのこ》」「錆色《さび》」「赤錆色」「土器色」「煉瓦色」……おのおの、想像できましたか？

「肉桂色《にっけい》」はシナモン、「煙草色」は紙煙草の切り口を、イメージしてください。

●無彩色のバリエーション

では――。これから、無彩色の世界に旅に出ましょう！

「白と黒」の間には、奥行きのある灰色のグラデーションの世界が広がります。

日本でいえば漆喰《しっくい》の風景です。ナマコ壁の白と灰色の対比。石灯籠《いしどうろう》に積る雪は、濃い灰色と純白のコントラスト。

日本の黒瓦の甍《いらか》の連なりも、墨絵のイメージで深みと情趣があります。

まずは、「白」の世界。「生成色《きなり》」は、染色していない繊維そのものの色合い。「練色《ねりいろ》」

はパン生地の色。「乳白色」は、文字通り牛乳の色です。

「鳥の子色」。これはなんだと思います？　鶏卵《けいらん》の色。そのまんまですね。

「象牙色」もそのまま。「卯の花色」も、写真を見ると白いやさしい花です。

「砂色」「鉛色」も素材の色。「山鳩色」は、山鳩をイメージしましょう。

「鈍色《にびいろ》」……これは、むつかしい。

「……濃い灰色のこと。平安時代には灰色一般の名称であったが、のちに、灰色、鼠色《ねずみいろ》にとって代わられた。『鈍《にび》』とは、刃物などが、切れなくなる事などをさす。『鈍る』が語源」（「ウィキペディア」より）

お坊さんの僧衣などを想像すればいいでしょう。

さて、「鈍色」にとって代わった「鼠色」も、これまた奥が深い。

「茶鼠」「藍鼠」「銀鼠」……俗に〝百鼠〟といわれる。つまり、本来の鼠《ねずみ》色に百の色を足して、百変化しているわけです。「深川鼠」などは、緑色を足したもの。

もっと凄いのが黒の世界。「墨色」は、だれでもわかる。

「漆黒」は照りのある黒漆《くろうるし》の色。「濡羽色《ぬればいろ》」は、烏の羽根が濡れた色合い。湯上がりの女性の髪の表現などに使います。なかなかエロティックですね。濡れ場を想像させるからでしょうか。

……「銀色」「薄墨色」「消炭色《けしずみ》」「鉄黒《てつぐろ》」。グラデーションの変化を楽しみましょう。

なんじゃこりゃ？　と思うのが「涅色《くりいろ》」。「『涅《くり》』とは、川底に滞積《たいせき》した黒い土のこと。古代には『涅』をつかった染色もあった、という」（同書）

どうです！　色の世界は、まだまだ多彩です。

われわれ日本人は、長い年月のあいだに、これほど多彩な色を〝発見〟し、〝命名〟し、日々の暮らしの中に活かしてきたのですね。

おそらく、世界中を探しても、これほど多くの色彩の名前を持つ文化は、ほかにないでしょう。それだけ、日本人の繊細な感性に、裏打ちされているのです。

4　ペンを絵筆に言葉の絵具で彩色する

●空、小屋の色、色々試そう！

わたしたちも、文章で表現するとき、これら言葉の「絵具箱」から好みの色を取り出して、文章を色どりたいものです。

たとえば、空を表現するとき、ふつう「青い空」ですませてしまいます。

もっと、その色合いを観察してみましょう。

たとえば「浅葱色《あさぎいろ》の空」と書けば、くすんだ水色でイメージに深みが出ます。「山吹色の空」「緑青の空」「紅色の空」「濃紺の空」「薄墨の空」「鈍色《にびいろ》の空」……空の色がカットバックで変化するさまを、イメージできるでしょう。

このように、日本語の表現にもっと色彩を塗り込んでいけば、より読者のイメージを喚起することができます。

「川辺に小屋があった」と書くより、「川辺に紅赤色の小屋があった」と書くほうが、イメージの強さは全然ちがいます。

「黄色の小屋」「濃紺の小屋」「乳白の小屋」……。イメージ風景が、まるでちがってくるでしょう。

ペンを絵筆にして、言葉の絵具を塗る……。

すると、文学表現の世界は、さらに奥深い、鮮やかなものになるのではないでしょうか。

●なんでもスマホが恐ろしい

相手の心に残る文章は、五感の記憶を残すことです。

そのなかでも、視覚はより感性を深く刺激します。

イメージは、より鮮やかに心に刻まれ、記憶に残るからです。

だから、相手には文章の文字の連なりにより、色彩鮮やかな映像を伝える。

すると、若いひとから、反論が返ってくるでしょう。

「なら、スマホでいいじゃん」

「こっちの画像のほうが画素数多くて、鮮明だし」

そういって、さっそく画面操作を始めるだろう。

そして、「ほらっ！」ときれいな写真画像をしめす。

「そうではなくて、文章で……」というと「メンドクセーッ！」と顔をしかめる。

この、なんでもパソコン、なんでもスマホ……が、おそろしい。

5 「紙の本」は「電子ブック」に勝る！

●ディスプレイ、思わぬ欠陥

こういうと、若いひとは、口をとんがらかすだろう。

最近の大学生は、「二人に一人は年一冊も本も読まない」という。

わたしは、このクニは終わったか……とさえ思った。

若いひとは、こういうでしょう。

「本なんていらないじゃん。スマホ検索、なんでもOK。知りたきゃ一発検索」と笑う。

しかし……最近、衝撃的な研究結果が明らかになった。

同じ情報でも、「紙の本」と「電子ブック」で比較すると、効果がまったく違う。それが、心理学実験で明らかになった。同じ内容でも、「紙の本」のほうが、より強く心に残る。記銘力に大差があることが立証された、という。

つまり、スマホ画面では、情報は得られても思考に直結する深い記銘力は得られない。不思議です。天然素材の書籍で、数千年もの間、つちかわれてきた人類の脳のDNAのなせる技《わざ》かもしれません。

●スマホ、4K、VRの先には?

さらに、そら恐ろしい話もあります。

最近の中学生、四人に一人は、まったく文章の読解力のないまま、卒業している……というのです。これは、社会で生きていく上で、大変なハンディとなります。

文章が読めても、内容がまったく理解できない。これでは、文章が読めないのと同じです。彼らはパソコン、スマホはいじれます。そして、SNSやLINEのチャットはできても、少し内容の深い文章になると、もうおてあげなのです。

つまり、最近の若いひとたちは、会話力の衰えとともに、文章力も衰えている。

文章力にはふたつあります。表現力と理解力です。

表現するには、言葉という道具を使いこなさなければなりません。

理解するには、言葉という道具の意味をわからなければならない。

言葉の理解——とは、その意味からイメージすることです。

「単語」から「イメージ」、つまり「想像」する。

ところが、現代は「パソコン」「デジカメ」「ハイビジョン」「4K」と、鮮明な人工映像で溢れています。

そして、ついには「VR」(バーチャル・リアリティ)まで登場しました。

もはや、個々人が想像(イメージ)しなくても、商業的に「精彩イメージ」が提供される世の中になっています。

6　想像力、使わなければ退化する

●脳力も筋力もけっきょく同じ

外から、美しいイメージが提供される。もう、自分で想像する必要もない!

すると、「用不用」法則（ラマルク学説）がはたらくのです。

これは、「使えば発達する」「使わなければ衰える」……人間の想像力もそうです。

一つの言葉から、想像の翼をはためかせる——それは、万物の霊長、人間にしかできない技です。しかし、人工の精緻な映像にどっぷり使っていると、その想像の力をうしなってしまうのです。

そして、知性は、痴性に墜《お》ちていきます。

かつて、評論家の大宅壮一は、テレビが普及していくさまに、「一億総白痴化」と警鐘を鳴らしました。彼の懸念は、正しかったようです。

「脳力」も「筋力」も、けっきょくは同じです。

〝Use or Lose〟（使わなければ衰える）という、有名な警句があります。

想像力も、使わなければ、衰え、サビつき、まったく機能しなくなります。

そのさきに待つのは、認知症、アルツハイマー痴呆症……などです。

筋肉は、使わなければ退化します。頭脳も、同じなのです。

文章力をきたえる。それは、あなたの頭脳力をきたえることなのです。

7　情景を書くな、空気を書け！

●情景描写で足りないものは

これからは、文章術の次のステージです。

これまで、文章を書くな、情景を書け……と、指導してきました。

そのためには、言葉の「絵具」で、画像を描く。その画像が、映像を構成する。

映像とは、画像が動きだしたようなものです。映画をイメージすればよいでしょう。

ありありとした映像は、音もともなっています。

よい文章とは、よい映像を体感させてくれる文章です。

ぐいぐいと、読者を作者の世界にひきずりこんでいく。その力が文章力なのです。

さて――、あなたは、小説を書こうとしている。

あなたは、文章だけで一つの物語の世界を構築し、描かなければなりません。

つまり、読者を、物語の空間に誘《いざな》わなければならない。

そのとき、これまでの文章術にしたがって、物語のイメージ世界を描き、読者に指し示す。しかし、それだけでは、足りない。

●カメラで写せぬ〝空気〟を描け

なにが、足りないのでしょう？

私事になりますが、わが一人息子が、「将来は作家になりたい」と言う。

四五歳のときの子だから、まだ二〇代前半と若い。

わたしは、この志《こころざし》やよし……と、うれしかった。

ただし、「作家になります」でなれれば、苦労はない。

そこで、息子に作家の作法を伝授することにした。

それが、「情景を描くな、空気を描け」なのである。

古今東西、数多くの文学者たちが、情景描写で苦労工夫を重ねている。

なるほど、写真や映画に比べて、文字には大変なハンデがある。あちらは高性能カメラでクッキリ映像を写しだせる。それにたいして活字は、いわば紙の〝汚れ〟にすぎない。

そこから、読者を物語空間に誘いみちびく——ということは、大変な作業ではある。

●空気の匂い、風の感触……

息子は、聞き返す。

「お父さん、空気を描けとは、どういうことなの？」

「いいか、カメラでも写せない、伝えられないものがある。それが、〝空気〟だ」

「と、いうと……?」

「まず、匂いだ。空気の匂い。草の匂い。どんな匂いがたちこめているのか? そして、質感。風の感触。水の湿り気。季節はいつか……? さらに、雰囲気がある。緊迫感、不安感……。これこそ、文章でしか表わせない〝空気感〟だ」

「ナルホド……」

「情景だけを描いた世界は平板だろ。しかし、物語空間の〝空気感〟を描くことによって、奥行きと立体感が出てくる」

「そうだね……」


創作とは……読者より前に、作者が〝遊ぶ〟ことだ。

物語世界の空気を描くことで、まずは、作者がその世界に没入し、主人公とともに、その空間を体感する。味わう。その体感記を綴《つづ》ることで、今度は読者も、作者の感動を追体験するのである。

創作とはすなわち、究極の〝遊び〟なのである。

第9章 ベストセラーの三要素〝3T〟

——テーマ、タイトル、タイミング

「本は愛だ！」よい編集、わるい編集——わかりやすく、わかりやすく……

1　著者も編集者も〝3T〟を心がけよ

●「コンパクト！　インパクト！」

ベストセラーの〝3T〟、あなたは、ごぞんじですか？

それは、①テーマ、②タイトル、③タイミング。

この三つのTがみごとにリンクしたとき、ベストセラーは産まれるのです。

しかし、どれか一つでもずっこけると、ベストセラーどころか、ヒットも望めません。

だから、著者も、編集者も、この〝3T〟は、じつにこころすべきなのです。

①テーマ

これは本の主題です。モチーフといいます。いわば、本を出す目的です。

本書なら「文章・編集術を深める」。

「テーマ」は、一言でいえなければなりません。

ズバリ一言でいえる。それは、テーマが明快な証拠です。

著者に「テーマはなんですか？」とたずねて、「エッとですねぇ、その、まず……」と、いいよどんでズバッと出てこないときは、「ああ、これは売れないな」と思うべきです。

そんな本は、まず、出すことじたいが問題です。

②タイトル

じつは、これが……本の死命を決する……といっても、過言ではありません。

ポイントは「コンパクト！　インパクト！」。

タイトルのセンスで、内容どころか、著者のセンス、力量まで問われます。

「コンパクト！」とは「できるだけ短く！」。短いほどインパクトがあります。

なぜ、タイトルは短いほうがいいのか？

あなたが、書店にぶらっと入った状況を思ってください。平台《ひらだい》に新刊書が山積みされています。あなたはなにげなく、サーッと目線を動かしているでしょう。そのとき、一冊の本に視線を注ぐ時間は、おそらく○・一秒以下。その瞬間に、目線をとらえられなければ、勝負は負けです。

だから、一瞬の勝負にかける。そのためには、タイトルは短くコンパクトなほうが、有利なのです。

2　草餅《くさもち》とタイトルは練るほどマズくなる

●いじってるうちにぐじゃぐじゃ

もうひとつ。草餅とタイトルは、練《ね》れば練るほど、不味くなる。

いろんな方角から手を出して、ああでもない、こうでもないと草餅をいじっているうちに、ぐじゃぐじゃになります。タイトルも同じ。けっきょく、いちばん最初に浮かんだのが、いちばん新鮮なのです。とくに、著者が最初に思い浮かんだタイトルには、その純粋かつ新鮮な思いがこめられています。それを、最優先すべきでしょう。

しかし、タイトルこそが、著者と編集者が〝激突〟するポイントでもあるのです。

著者にとって、著作はわが子同然です。だから、自分が名前をつけたい。

著作権があるのだからとうぜん、と思います。そして、編集者は助産婦さん。

ところが、出版社には編集権があります。それは、命名権にもおよぶのです。

だから、〝わが子〟の命名権は、半分ずつもっているような按配《あんばい》なのです。

そして、編集者が頑《がん》として自説を譲らない……そんなときは、ほんとうに困ります。

「なら、原稿を引き上げる。全部返してくれ」と、最後通諜をつきつけたことすら、あります。

素人ならまだしも、わたしは四〇年以上も著述家として生きてきたベテランです。わたしを信頼してほしいのです。

それと、編集者に妥協してタイトルを付けて、これまで成功した試しがないのです。

だから、これからは、タイトルは自分が決める。それを、肚《はら》に決めています。

ただし、編集者の提案が自案より優れていれば、迷わずそちらにのります。

③タイミング

物事にはなんでも、ベスト・チャンスがあります。出版もそうです。

花森安治さんの評伝がそうです。わたしは、三時間あまりのインタビュー原稿を書き上げた時点で、文章の師について書くことを胸の奥に秘めていました。

そして、いつか、いつか……と思っているうちに、四二年もの歳月が流れたのです。

そうしてまさに、なんの偶然か、NHKが朝の連続テレビ小説『とと姉ちゃん』で、『暮しの手帖』を創設した大橋鎮子さんと花森安治さんを主人公にしたドラマが始まった。

「やりましょう!」。イースト・プレスの若き編集者は、大きくうなずいた。

こうして、四二年来温めてきた企画が実現したのです。

それは、版を重ね、出版社にも報いることができました。

好機を逃すな！　『魔王、死す！』（ビジネス社）もそうです。

二〇一七年三月、〝地球帝王〟と恐れられたディビッド・ロックフェラーが、一〇一歳で死去。すると、世界の勢力図が一斉に動き始めた。

そのとき、「魔王、死す！」と言ったわたしの一言で、「やりましょう！」とうなずいた同社、唐津隆社長の決断には、ただ感謝。まさに、機を見て敏……。

出版のセンスとは、そういうものです。

だから、著者も、編集者も、四方八方にアンテナを研ぎ澄まして、世界の動向につねに気配り、目配りが肝要です。

いわゆる、ジャーナリズム感覚。それがないひとには、本を書く資格はない。

それは、断言しておきます。

3　なぜ、本が売れないのでしょうか？

●二〇年も続く出版不況……

だれでも、本を書くときは、ベストセラーを望むものです。

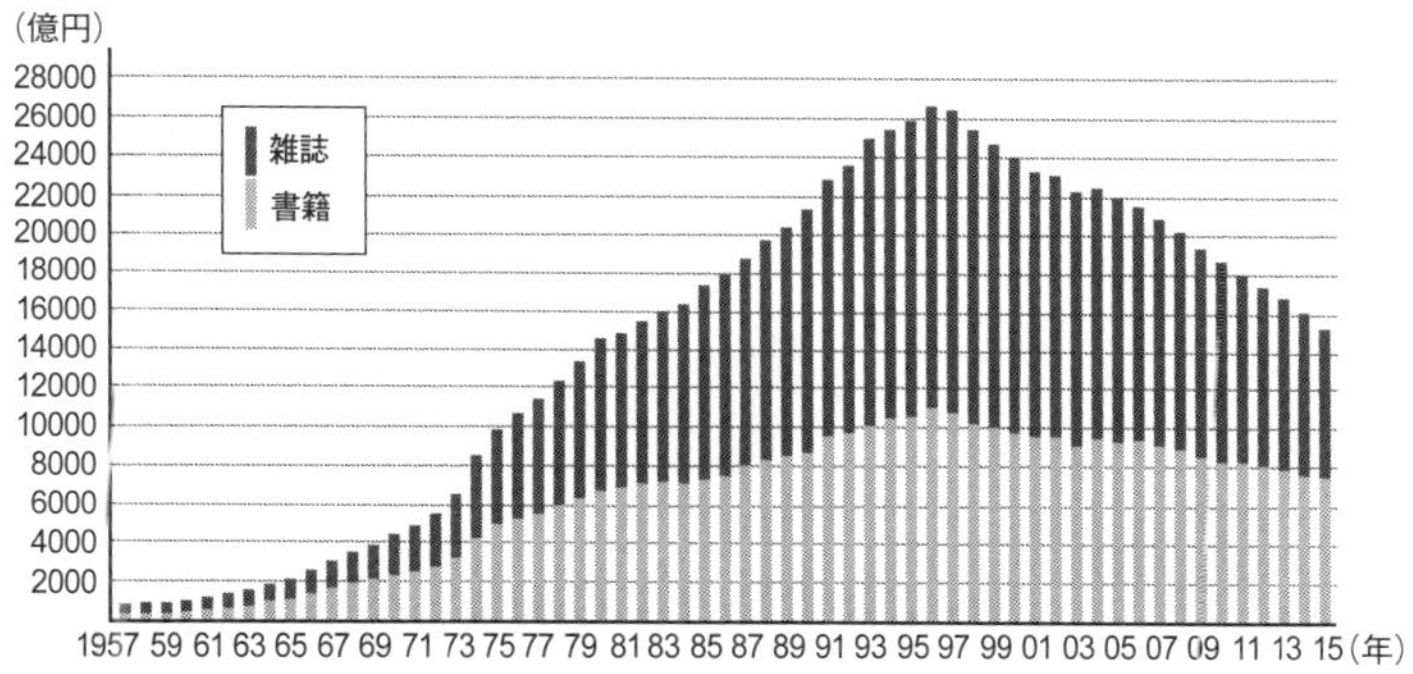

紙書籍・紙雑誌の売上推移（財団法人全国出版協会・出版科学研究所調べ）

それでも、いまは本が売れない。まさに、出版不況です。それは、もう二〇年近く続いています。

二〇一五年の出版統計が発表されています。

まさに、みごとな減りぐあいです。

「……雑誌（上）、書籍（下）も、二〇一四年に引き続き、さらに売り上げが減少しました」「『出版不況がさらに深刻化した』との論評が相次いでいます。とくに雑誌の数字が悪いですね」（『朝日新聞』デジタル、林邦彦、２０１６／２／10）。

一九九五年をピークに、雑誌、書籍とも右肩下がりです。

ナルホド……本より雑誌の減りかたが、いちじるしい。ピーク時の売り上げが二兆六〇〇〇億円強。それが、約一兆五〇〇〇億円と半分近くにまで落ち込んでいます。

「……書籍が、前年比マイナス一・七％にとどまっ

た（七四一九億円）のに対し、雑誌はマイナス八・四％と、大きく落ち込みました（七八〇一億円）」（同）

単行本の売り上げは、微減です。なんとか踏ん張ったが、雑誌がガクンと落ちています。つまり、消費者の雑誌ばなれが進んでいるのです。

「……二〇一五年には、『火花』の二四〇万部を超えるヒットなど、いくつか明るいニュースがあったにもかかわらず、全体の売り上げ額は、ダウン・トレンドをくつがえすところまでいきませんでした」（同）

4　心につたわり、魂をふるわせる本を！

●買いたい、おもしろい本は？

なぜ、本、雑誌が売れないのでしょう？

それは、消費者が買わないからです。

なぜ、消費者は買わないのでしょう？

買いたくないからです。ツマラナイからです。

さらに、情報はパソコンやスマホで、かんたんに得られるからです。

では――。

出版不況を乗りこえるのも、かんたんです。

消費者が「買いたい本」「おもしろい本」、そして「パソコンなどで得られない情報」を、伝えればいいのです。

しかし、そんな本があるでしょうか？　そんな雑誌があるでしょうか？

わたしは、出版界をみまわして、くびをふるしかありません。

●ミリオン連発！　カッパの精神

昔はああだった、こうだった……という話は、あまりしたくないのですが、かつては、出版界にもいきおいがあった。

たとえば、光文社のカップブックス・シリーズ。

ミリオンセラーを連発し、一世を風靡した。その名の由来からして、楽しい。

「……カッパは、いかなる権威にもヘコたれない。非道の圧迫にも屈しない。なんのへのカッパと、自由自在に行動する。その何ものにもとらわれぬ明朗さ。その屈託のない闊達さ。裸一貫のカッパは、いっさいの虚飾をとりさって、真実を求めてやまない。たえず、人びとの心に出没して、共に楽しみ、共に悲しみ、共に怒る。しかも、つねに生活の夢をえがいて、飽くことを知らない。カッパこそは、私たちの心の友である」(『誕生のことば』)

この「宣言」は、カッパブックス巻末に、高らかに、誇らかに印刷されていた。

なぜ、カッパ・シリーズは、一〇〇万部突破の単行本を連発できたのか?

その答えは、まさにこの『誕生のことば』にある。

その気概が、スピリットが、読者の心と魂をゆり動かし、先を争って本を手に取らせたのである。

それは、『暮しの手帖』の花森安治の「見よ! 一銭五厘の旗」に通じる。

●『あぶない化粧品』一五〇万部

本は、心にとどかなくてはならない。雑誌は、魂にとどかなくてはならない。

私事になるが、わたしが消費者団体スタッフのとき、『あぶない化粧品』(三一新書)を執筆、編集した。まだ二五歳だった。そのとき、わたしは、こうかんがえた。

私淑する花森さんだったら、どう書くだろう? どう編集するだろう?

ただその一心で、原稿を書き、章立てし、見出しをつけ、レイアウトした。

原稿は、中目黒銀座の喫茶店で、一週間で書いた。

そして出版したら、それは約一五〇万部のベストセラーとなった。

わたしは、ただ、読者に「あぶない化粧品」の真実をわかってほしい――ただその一念で、ただひたすら、こんせつ、ていねいに書き、わかりやすく、よみやすく編集したにすぎない。

そのおもいは、読者のかたがたに、つうじたのである。

5　一にわかりやすく、二にわかりやすく

●本は愛だ！　読者の立場になる

「本とは、なんですか？」

こう聞かれたら、わたしは、まよわず答えます。

「本は、愛だ！」……ブック・イズ・ラブ。

ちょっと、照れくさいけど、ホンネです。それは、こういうことです。

読んでくださるかたが、目のまえにいると思って書け。

わたしはこれまで、二五〇冊ほどの本を書いてきましたが、「自分が書きたい本」は、一冊も書いてこなかった。こういうと、あいてはビックリします。

しかし、ほんとうのことです。

「……では、どんな本を書いてきたのですか?」と、たずねられます。

「書きたい本ではなく、書かなければいけない本を書いてきた」

そこで、あいては、ああナルホドとうなずくのです。

著者は、「書きたい本」を書いてはいけない。「書かなければならない本」を書く。

それは、徹底的に読者の立場に立つということだ。

だから、「本は、愛!」なのである。

●読みやすく、読みやすく……

わたしの文章・編集の師匠、花森安治さんは、八百屋のおばちゃん、魚屋のおっちゃんが目をかがやかせ、うんうんとうなずいて、夢中になって読むような文章を書け……と、おっしゃった。

だから、よい文章とは? よい編集とは?

……一にわかりやすく、二にわかりやすく、三、四がなくて、五にわかりやすく……なのである。

かんでふくめる、という。まさに、そのとおり。

ひとを見て法をとけ、という。まさに、そのとおり。
それは、一に読みやすく、二に読みやすく……と、なる。
わたしは、花森さんの文章が、小学校二年のときから、からだに染みついている。
そして、名編集者であった花森さんの編集術も、血肉化しているようだ。
だから、身のまわりの雑誌や、印刷物や、チラシなどが、気になってしかたがない。
旅行で列車に乗る。すると、前席背中に「旅雑誌」のたぐいがある。
手にとってページをめくる。
もう、その記事の見出しやレイアウトが、気になってしかたがない。
なんで、こんな書体にしたんだ！　記事を詰め過ぎ！　レイアウトがアンバランス！
手元に赤ペンがあったら、朱を入れて、全ページ訂正したくなる……。

●読みやすく、わかりやすく

――さらに、文章を読みやすくする工夫をあげます。

■行替え

第3章で花森式編集術を紹介した。参考にしてほしい。

そのなかでも大切なことは、文章を詰め込みすぎない。
そのためには、ひんぱんに行替えする。
一文一行くらいで書くと、じつによみやすい。すると、わかりやすい。
それでも、何十行もぎっしり連なると読みにくい。
そのときは、十数行おきくらいに、「一行空き」をいれる。
すると、ウソのように読みやすくなります。
だから、シナリオは、読みやすい。

■リード

読みやすくするコツの第一は、まず「リード記事」です。
項目の要旨を最初に一、二行で書きます。
すると、読者はポイントがわかるので、すっと読み進めます。

■Q&A式

これは『あぶない化粧品』で採用しました。
最初に「質問」を書き、「本文」は、それに答える形で書くのです。

「実用書」では、この書き方が非常に威力を発揮します。

■見出し

①「章見出し」、②「大見出し」、③「中見出し」、④「小見出し」の四種類があります。
これらは、できるだけ字数をそろえたほうが、見た目がすっきり美しい。

見出しの字数が凸凹ふぞろいなのは、編集者の力量が劣っているからです。

とくに、小見出しは重要です。わたしは、段落ごとに、必ず「小見出し」をつけます。

■●（タドン）

そして頭に●（タドン）をのせます。これがあると、視覚リズム的に、無意識に読者はこれを追って、次の段落、次の段落……と、さきにさきに読み進むことができます。
●（タドン）をいやがり、とってしまう編集者もいます。
しかし、読者を前に前に読み進ませる視覚効果は、理解してほしいところです。

「小見出し」の、もう一つたいせつな役割は、段落の要旨を簡潔に示していることです。

読者は、読み進む前にその段落主旨が一瞬で判り、本文に進むので、内容がスムーズに頭に入るのです。

なかには、「小見出し」のまったくない書籍や雑誌もあります。

わたしには、読者に「読むな！」とケンカを売っているとしか、思えません。

■——（ダッシュ）

芥川龍之介は、——を巧みにつかっていたことで、しられています。

文字の羅列が一ページ全体に続くようだと、紙面が息詰まって感じられます。

また、文章も単調になります。

そこで、段落が変わる場面などで、文頭に——を入れる。

すると、文章の流れに強弱がつきます。音楽でいうと、休止符のようなものです。

■……（点線）

余韻を残すときに用います。

つぎの二つをくらべてください。

「そうだったのか」

「そうだったのか……」

後者のほうが、感情の余韻をかんじるでしょう。

また、わたしは引用文をはっきりさせるため、よくカギかっこ文頭に、……を用います。すると、「ここから引用文ですよ」というメッセージが、読者に無意識のうちに伝わるのです。これも、「わかりやすく」の気くばりです。

■数字、アルファベット

①②……など丸数字や、(1)(2)……などカッコ数字もつかいます。さらに、A、B、Cなども。

文章を箇条書きにするとき、ナンバーや記号をふったほうが、読者にはわかりやすいのです。

さらに、解説をするとき、これら数字などで指摘することもできます。

■装丁

本の顔です。これも、なかなか著者の思いどおりにいかないことが多い。

しかし、ピタリ見事に決まった装丁本を手にしたときの喜びは、なにものにも代えがたい。たとえば、『「暮しの手帖」をつくった男』(前出)が、その代表です。色彩も豊かで、レイアウトも見事。おもわず、見とれました。扉のイラストも……まさに、本作りのテキストのような本ができあがりました。これこそ、装丁デザイナーの見事な仕事です。

——以上。「本は、愛だ！」と書きました。

それは、読者への愛、さらには本への愛をいっているのです。

本の歴史は、数千年……といわれます。「本」とは「大本」、つまり「人類文明の根本」を表わしているのです。

「基本」「本分」「本源」……みな、「本」という漢字が使われています。

本がなくなったら、人類の文化どころか、人類の文明がなくなってしまう。

わたしは、本気でそうおもっています。

本は、ひとつかみの、文化のたね、文明のたねなのです。

そこから、文化や文明が幼芽を伸ばし、枝が分かれ、花を咲かせ、実をむすぶのです。

そのたねを、あなたの手もとで、見守り、やさしく育てていただきたい。

そう、おもいます……。

第10章

四日で一冊、本を書く

――船瀬式執筆法の極意を伝授する

創作・企画メモ、企画書の書き方、執筆工程の秘訣

1　いつでも、どこでも、企画をメモ

●作家ではなく職人である

これからは、具体的なノウハウです。

わたしは、自分を作家だとは思っていません。

じぶんは、職人である。こう思っています。物書き、つまり文章の職人。

職人ですから、仕事が来たら、ありがたく受けさせていただきます。

あれはできない、これはムリだ、なんて断るのは、職人のプライドが許しません。

それよりなにより、まえに準備しておくことがあります。

自分の出来る仕事の一覧を、そろえておくことです。

「できますものは、いまのところ、これこのとおりでございます」

ズラリ、注文に応じられる「仕事」（企画）を取りそろえておき、一覧表をしめすのです。料理人が、メニューのレシピ一覧をしめすのと同じです。

●企画はストックしておく

■企画一覧：いつでも、どこでも手帳にメモ

わたしはジャーナリストでもあります。

だから、時宜にのっとった出版企画を、つねに最低五〇本は、準備しています。

つまり、物書きにとっては「企画」が命なのです。それは、編集者にもいえます。

「企画力」なき物書きは去れ、編集者は去れ、とはっきりいいたい。

だから、わたしは、いつでも「企画」が浮かんだら、すぐその場で手帖にメモします。

タイトル、サブタイトルをメモするのです。

出版企画は、まずタイトルが、パッと思い浮かびます。

そして、出版社から企画相談をもちかけられると、この「企画」一覧をしめします。

わたしの友人、知人にも、物書き仲間がいます。

彼らは「仕事がない」となげくのです。

仕事は「もらう」ものでない。仕事は「つくる」ものなのです。

また、企画が一瞬で決まることもあります。

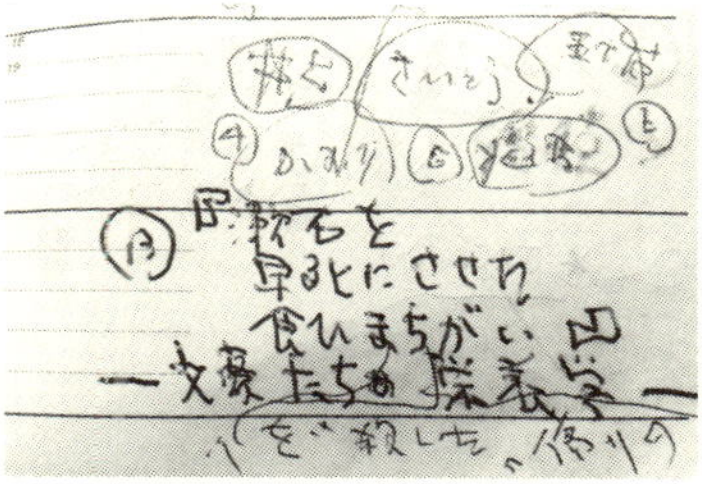

企画は思いついたらその場でメモ！

共栄書房の平田社長と居酒屋で飲んでいたとき、

「船瀬さん、最近はどんなことをやっていますか？」

と聞かれ、

「維新の悪人たちは、とんでもない。明治維新は青い目のフリーメイソン革命ですよ」

と言ったら、社長、人差し指一本立てて「それ！　やりましょう」。

まさに、一〇秒足らずの〝編集会議〟。そういうことが、なんどもあります。

そのためには、つねに「企画」のストックがないとダメです。

2　「四日で一冊、本を書く」のは、かんたんだ

●一日最低五〇枚のノルマ

本書『心にのこる、書きかた、伝えかた』は、四日間で書き上げました。

だいたい、これがわたしの執筆ペースです。

つまりは、「四日で一冊、本を書く」。その方法論を、お教えします。

■ノルマ：一日最低四〇〇字換算で五〇枚

一日に書く最低枚数を決めます。わたしは、四〇〇字換算で五〇枚。これが最低です。

この枚数をクリアしない限り、食べない。寝ない。（わたしは一日一食！）

わたしが「四日で一冊書きあげる」といったら、ある編集者は「人間業ではない。神業《かみわざ》です」と絶句した。しかし、ノルマを決めれば、それほどむつかしいことではありません。

ちなみに、体調のいいときは、一日七〇～八〇枚のペースで書きます。

最高記録は、一日一〇一枚をクリアしました。

なかなか、筆が進まない……と嘆くひとは、一日のノルマを決めていないからです。

だから、だらだら、ちんたらと進まない。集中できない。

けっきょくは、短期間で仕上げたほうが、本にも勢いが出て、いいものができます。

■枚数を記録：自分で自分を管理する

たいせつなポイントは、書いた枚数を記録することです。

わたしは、枚数を少数点以下まで手帳に記録します。

わたしは、自由業です。労働者であると同時に、管理者でもある。

自分を管理するのは自分以外にありません。だから、自己申告で、書いた枚数はきっち

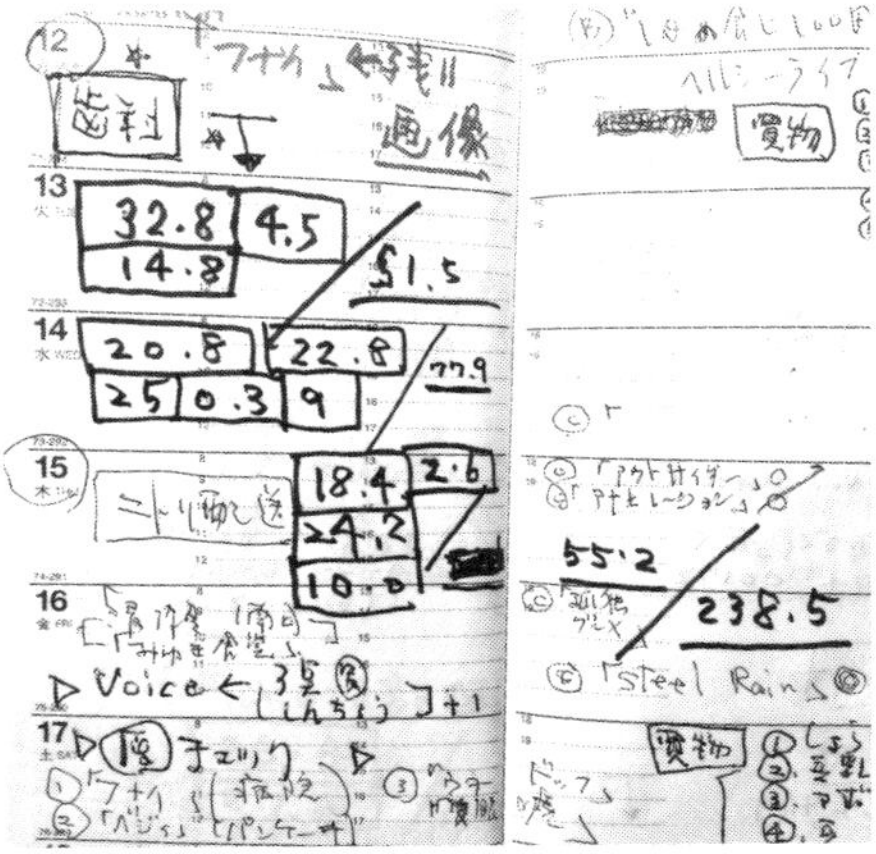
その日書いた枚数を手帳にメモする

り記録する。

本書の執筆記録は、

▼三月一〇日：五四・二枚、▼一三日：五一・五枚、▼一四日：七七・九枚、▼一五日：一二・六枚。

四日間の合計は二三八・五枚。これに、「まえがき」「あとがき」で、約二五〇枚になります。

3　本の設計図「出版企画書」からスタート

●成否は「企画書」にかかっている

■「出版企画書」：「本の設計図」ここからスタート

これは、いわゆる「本の設計図」です。出版社に提出して、正式ゴーサインが出ます。

本を出したいと思っているかたは、思っているだけでは、ダメです。

後述の書式にしたがって、「出版企画（案）」を出版社に提出するのが、第一ステップ。

それは、ふつう編集会議にかけられます。

そこでもまれて、差し戻されることもあります。

すると、タイトルや内容への変更などが提案、指示されます。

それは、まだ企画が〝生きている〟証しです。

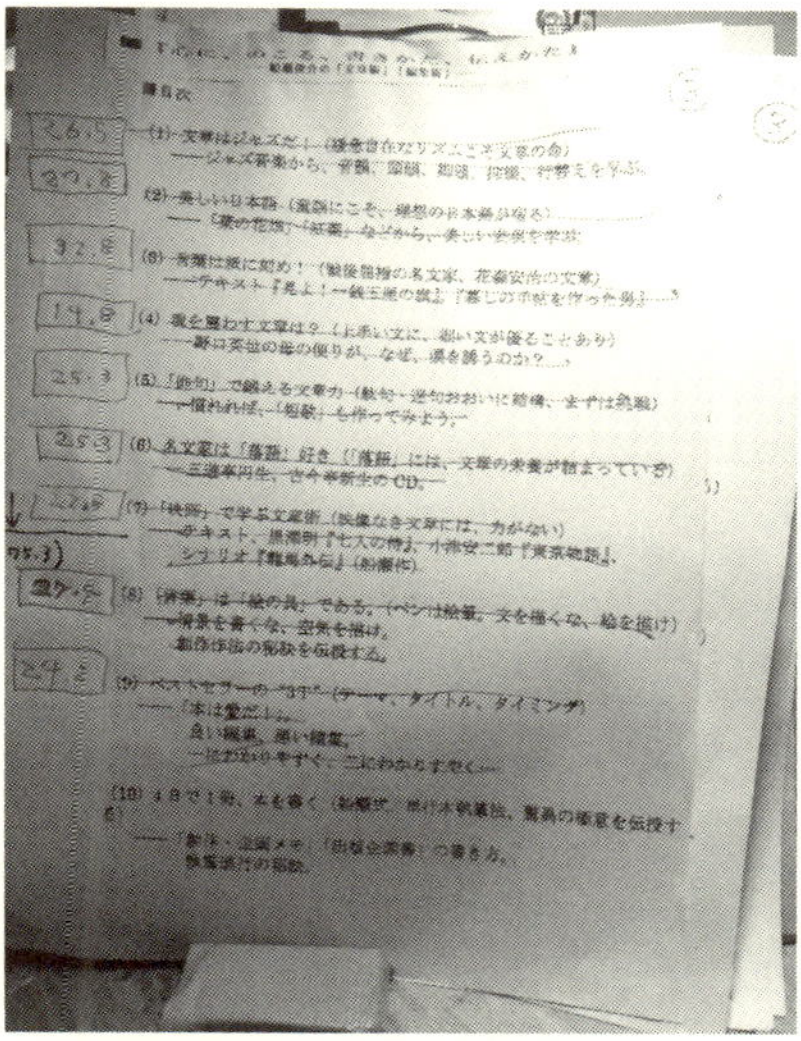

出版企画書、構成（目次）を示した部分

そのとき、出版社の意向を汲むか、企画を取り下げるかは、あなた次第です。

なお「企画書（案）」に書かれるべきは、以下のような項目です。

①タイトル、②サブタイトル、③帯コピー、④判型、⑤価格（予価）、⑥ページ数、⑦著者（その他、監修者など）、⑧出版主旨、⑨構成（目次）……を、A４判に横書きで記載します。

必要に応じて、⑩**添付資料**があれば、説得力が増すでしょう。

注意点は、「書き過ぎない」。「企画書」は、全体で多くてもA4二枚に収めます。

■目次に沿って執筆：第1章から順に書いていく

執筆は、第1章、2章、3章……と、順に執筆していきます。

そのとき、全体枚数から各章の原稿分量が決まります。本書は、全体で二五〇枚を予定しており、全体が一〇章なので、一章二五枚の見当です。

原稿を書いたら、赤字で章タイトルを消し、左側に枚数を記入していきます。

■参考文献：すべてに付箋《ふせん》で見出し付け

多量の参考文献が必要な著作もあります。『維新の悪人たち』（前出）が典型です。

神田神保町の古本屋街で買い漁り、文献は五〇冊をゆうに超えました。

事前の文献チェックは、次のようにします。

各ページを繰ってキーワードを捜し、赤丸を付けます。さらに付箋に見出しを記す。

たとえば、「アーネスト・サトウ」なら、名前の登場する文献ページに、付箋で「サトウ」と書き目印に。すると、執筆のとき、「サトウ」に関する記述では、全文献から「サトウ」に関する情報を得ることができる、というわけです。

ちなみに、『維新の悪人たち』は四〇〇字×約五〇〇枚を、一〇日で書き上げました。少し多めで、一〇〇枚弱削って刊行したわけです。

■添付資料：ナンバリングがポイント

写真、イラスト、図表など、少なければアルファベット順、多めなら資料番号をふります。途中で何番目かわからなくなるので、あらじめ五〇番ほど番号を列記しておき、資料に指定するたびチェックすると、資料番号の重複は、さけられます。

4　執筆しながら「筋トレ」する方法

■iPad：アシスタント以上の働き

執筆時の取材、資料の収集などに、「iPad」がきわめて役立つ。

わたしは、スタンドにiPadを固定して、執筆時には検索などで活用している。

ありがたいのは、グーグルなどの「音声入力」機能だ。執筆時に疑問点などが生じたら、音声で「検索入力」。すると、一瞬で求める情報にアクセスできる。

あらためて、天国の発明者、スティーブ・ジョブズに感謝である。

ｉＰａｄは、まさに物書きにとって、アシスタントを得た以上のはたらきをしてくれる。

また、そのスクリーン・ショット機能は、添付資料の検索・収集にも威力を発揮する。

必要情報を写真に撮り、アルバムファイルに分類保存しておく。

それは、出版社にメール送信でき、じつにかんたん、便利だ。

■執筆体勢：革ベルトで腹筋トレをやりながら

一日一二時間以上も机に向かいっ放しで、キーボードで執筆する。

だから、運動不足による弊害をさける工夫がたいせつだ。

わたしは、執筆時には太い革ベルトでウエストをギュッとしめて、執筆する。

お尻をしめ、背筋をのばし、腹筋に力をこめて、原稿を書き続ける。

だから、物書きにつきものといわれる肩こり、腰痛など、まったく、わたしには無縁だ。

つまり、執筆しながら、静的「筋トレ」（アイソメトリックス）を実践しているのです。

脳トレと筋トレを同時に行う。

もうひとつのアドバイスが、長息法です。

お尻をしめ、腹式呼吸で、長く長く息を吐きながら、執筆します。

二五歳以来、ヨガで学んだ呼吸法が、私の日々の執筆をささえているのです。
あなたも、遊び心を愛し、ゆったり、あなた自身の文章を綴ってみませんか。

あとがき

最後まで読んでいただき、ありがとうございます。

この本は、ある意味で、わたしの自分史でもあります。

……それは、四歳のときに観た映画『しいのみ学園』の忘れえぬ唄、小二のときに涙した『レ・ミゼラブル』（V・ユーゴー）の主人公ジャン・バルジャンの悲運であり、畳の匂いに寝そべって読んだ『暮しの手帖』の思い出なのです。

さらに、一九歳のときに観た『七人の侍』、孤独な下宿部屋で聴きこんだ三遊亭円生の落語……父を看取ったときの俳句、短歌……。

だれの生涯も、それを細密に描けば、一遍の小説となり、すぐれた文学たりえる……といわれます。

この本で述べた文章術、編集術を習得すれば、あなたの表現力は、かくだんに伸びることでしょう。

さらに、わたしはあなたに、本の執筆や、詩歌、シナリオ、小説、ドキュメントなどの作品にチャレンジしていただきたい。

創作で、おおいに自分の世界を表現していただきたいものです。

——万民は、すべて芸術家である——

これは、わたしの信念です。
あなたのうちに眠る才能の大輪の花を、天に向かって、咲かせてください……。
これが、本書をあなたにおとどけする、わたしの心からの願いなのです。
さあ、ゆったりと、机にむかいましょう！

『文章・編集術』セミナー合宿　これであなたも出版できる！

詳細案内　http://www.new-medicine.jp/funase-book/　ＱＲコードをご利用ください

■『文章・編集術』セミナー合宿で、個別指導を受けませんか

心に伝わる文章は、こうして書け！
未来の新しい出版文化のために！
２５０冊超えの著作を誇る鬼才、船瀬俊介が、懇切に個別指導する「文章・編集術」の極意。

人類文明の曙《あけぼの》は、言葉とともに始まりました。
それは、言霊《ことだま》と呼ばれるように
人と人との魂《たましい》をむすぶものです。
その言霊を記《しる》したものが文章です。
文明は、文章を介して発展してきたのです。
文章が滅《ほろ》ぶとき、文明も滅んでいきます。
その悲しい、恐ろしい兆《きざ》しが、日本に忍《しの》び寄《よ》っています。

いま、中学生の４人に１人は、
文章を読むことも、
理解することもできないまま……卒業しているそうです。
大学生の２人に１人は、１年に１冊の本も読んでいない！

出版の崩壊《ほうかい》は、知の崩壊を招きます。
活字文化こそは、文明の礎《いしずえ》です。
力強い、実りある文明を、未来に残すために
まずは、あなたの文章術、編集術を
共に、磨《みが》き、鍛《きた》え、育《そだ》てていきましょう！

船瀬俊介

『文章・編集術』セミナー合宿　主催者
出版プロデューサー／白鳥一彦（ＫＡＺＵ先生）
http://www.pdfworld.co.jp

船瀬俊介（ふなせ・しゅんすけ）

1950年、福岡県田川郡添田町に生まれる。英彦山麓、中元寺川の清流沿いに緑の田園が連なる環境で、父母ともに教員で兼業農家、休日は家族総出で農作業にいそしむ。豊かな四季の変化を、父は短歌に、母は俳句に詠み、自身も幼少期より文学に親しむ。講談社の世界文学全集100巻を小学校で読破。さらに、母が定期購読していた『暮しの手帖』を小学校二年から読みふけり、戦後随一の名編集長、花森安治氏の文章に接し、「庶民の暮らしを守る」“花森イズム”に感化される。田川高校から九州大学理学部に進学するも、進路に迷い退学。浪人を経て早稲田大学第一文学部に入学。演劇科専攻は、苦難の日々を癒してくれた落語への思いからである。学園紛争の最中、社会変革「第三の道」として市民運動に希望を託し、日本消費者連盟へボランティアで参加。卒業後は出版・編集担当スタッフとして勤務。150万部ベストセラー『あぶない化粧品』や『ほんものの酒を！』『どの歯医者がいいか』などを執筆。1985年、独立。以来、地球文明批評の立場から、医・食・住から文明論まで、多岐にわたり精力的な執筆、講演活動を行っている。化石燃料で栄えた「火の文明」から、自然エネルギーで栄える「緑の文明」へのシフトが人類生き残りに不可欠と訴え、さらに「新医学」で医療の根本改革を唱え、同志を募り「船瀬塾」で後進を育成している。

主な著書は『医療大崩壊』『未来を救う波動医学』『維新の悪人たち』『あぶない抗ガン剤』（共栄書房）、『ロックフェラーに学ぶ悪の不老長寿』『魔王、死す！』（ビジネス社）、『ワクチンの罠』『ドローン・ウォーズ』『『暮しの手帖』をつくった男』（イースト・プレス）など、約250冊に及ぶ。

船瀬俊介公式HP　http://funase.net

心にのこる、書きかた、伝えかた
――「４日で１冊本を書く」船瀬俊介の文章術・編集術

2018年 5月20日　初版第1刷発行
2023年11月 1日　初版第2刷発行

著者 ――― 船瀬俊介
発行者 ――― 平田　勝
発行 ――― 共栄書房
〒101-0065　東京都千代田区西神田2-5-11 出版輸送ビル2F
電話　03-3234-6948
FAX　03-3239-8272
E-mail　master@kyoeishobo.net
URL　https://www.kyoeishobo.net
振替　00130-4-118277
装幀 ――― 黒瀬章夫（ナカグログラフ）
印刷・製本 ――― 中央精版印刷株式会社

ISBN978-4-7634-1084-9 C0095